Autobiographie
non autorisée

Du même auteur

Publicité

Ne dites pas à ma mère que je suis dans la publicité, elle me croit pianiste dans un bordel, Flammarion, 1979
Hollywood lave plus blanc, Flammarion, 1982
Fils de pub, Flammarion, 1984
C'est gai la pub, Hoëbeke, 1990
L'argent n'a pas d'idées, seules les idées font de l'argent, Seuil, 1993
Pub Story, Hoëbeke, 1994
Citroën : 80 ans de pub et toujours 20 ans, Hoëbeke, 1999
Tous Ego, Jean-Claude Gawsewitch, 2005

Essais

Demain il sera trop tard, Flammarion, 1988
Le futur a de l'avenir, Ramsay, 1996
Sœur Courage, Presses de la Renaissance, 2006

Politique

Vote au-dessus d'un nid de cocos, Flammarion, 1992
La Parole de Dieu, Albin Michel, 1995
Le Vertige des urnes, Flammarion, 2000
La Prise de l'Elysée, Plon, 2007

Jacques Séguéla

Autobiographie non autorisée

PLON
www.plon.fr

ISBN : 978-2-259-20908-3

A mes petits-enfants
qui ne sont pas encore nés.

Le hasard ne frappe jamais par hasard.

Jacques Prévert.

Préface

Le bateau clapote doucement, ancré au large d'une île espagnole. Séguéla pousse vers moi un pavé dactylographié : « C'est mon prochain livre. Lis-le et note tes remarques. »

Je regarde Séguéla.

En fait, cela fait quarante ans que je le regarde. Il n'a pas beaucoup changé et plutôt en mieux. Aujourd'hui le bronzage est parfait. La peau est plissée aux bons endroits et rappelle un cuir de grande marque qui n'a fait que de beaux voyages. Ou plutôt droit sorti d'un livre d'Edward Curtis, le photographe des derniers Indiens d'Amérique. J'ai en face de moi un chef apache ou un guerrier hopi.

... Séguéla ou « Talking Bull » ?

Cela fait quarante ans que je vois Séguéla, tel un rocker, se jeter du haut de la scène, dans les foules qui ne lui ouvrent pas toujours les bras, et tomber sur le sol comme un boxeur sur un ring.

Du boxeur, Séguéla a les yeux légèrement pochés mais le nez et les lèvres intacts. C'est Carpentier au sortir de ses combats.

Cela fait quarante ans que j'assiste aux pirouettes, aux doubles saltos arrière, aux triples sauts périlleux, aux savantes volte-face d'un des plus fameux saltimbanques de la planète. Je l'entends oser dire, je le vois oser faire ce que les autres n'osent ni dire ni faire. Et je suis de ceux-là.

Cela fait quarante ans que je reçois en son absence les commentaires, les insultes, les critiques que les jaloux, les indignés, les bousculés n'osent pas lui dire en face. Sachant nos liens, on me fait passer des messages à lui transmettre : « Tu diras à ton Séguéla qu'il était nul hier soir à la télé ! », « Ton Séguéla, il va se casser la gueule, c'est pour bientôt… », « Dis à ton Séguéla qu'il ferait mieux de se taire », etc. Et je m'étonne de sourire, de ne pas répondre, de ne pas prendre sa défense…

Séguéla n'en a pas besoin. De tout cela il se moque.

Son métier, ou plutôt sa mission, c'est la scène. Comme tout grand acteur, sur les planches, on peut recevoir des fleurs mais aussi des tomates et autres œufs pourris. Est-ce qu'un pompier se plaint d'une brûlure au feu ? Est-ce qu'un athlète pleure un claquage au mollet ? Est-ce qu'un canard a peur du froid de la pluie ? C'est ça, Séguéla, c'est un canard… Qui flotte, plonge, reflotte et fait coin-coin en riant. Ça m'énerve, c'est sûr.

Cela fait quarante ans que j'ai décidé de ne pas écouter ni entendre ce qui nous opposerait ou risquerait de provoquer un désaccord profond. Nous avons fait le même métier, lui la pub, moi la publicité. Le star-system, je m'en passe. Le média veau d'or me fait peur. Je n'y vois qu'exaltations sans lendemains et douloureuses déceptions. Mais, encore une fois, j'ai fait un choix : Séguéla ne me fâchera jamais avec Jacques.

Cela fait quarante ans que j'ai un ami, un vrai ami : Jacques, Jacquot, le petit Jacques. En quarante ans, on sait qui est qui, et sur qui on peut compter.

Dans le tumulte de nos vies, je n'ai jamais vu Jacques manquer d'être là où ça fait du bien, ni oublier le mot juste écrit pour rejoindre la peine et en adoucir la douleur.

Depuis quarante ans, j'ai besoin de nos rendez-vous sur les mers, de nos silences qui nous en disent long, de nos regards sur les mêmes beautés, des quelques mots qui suffisent à s'assurer de nos pensées.

Cela fait quarante ans que j'ai la chance d'être assuré de ses générosités, de ses fidélités, des services rendus sur l'instant.

Notre amitié a de l'avenir !...

Le bateau clapote doucement. Je reviens aux feuillets qu'il m'a confiés :

— Jacques, une fois de plus tu ne parles que de Séguéla ! Pourquoi pas de Jacques ?...

— Cela n'intéresserait personne ! lâche-t-il.

A voir !

Prenez Séguéla, je garde Jacques...

Jean FELDMAN.

Ma femme a un petit vieux dans son lit. Le problème n'est pas que ce soit un petit vieux. Le problème c'est que le petit vieux, c'est moi.

Aussi me suis-je dit qu'il était temps d'écrire non mes Mémoires, mais les Mémoires des autres. Les hasards de mon existence n'ont jamais frappé par hasard. Ils l'ont bordée de rencontres qui m'ont fait ce que je suis devenu. Elles m'ont tracé le chemin à suivre, le chemin à vivre. Cette aventure vécue n'est pas vraiment la mienne. J'en ai été l'acteur jouant tantôt vrai, tantôt faux le rôle que ceux que j'ai croisés m'ont écrit. De mes aïeux à mes enfants, des poètes aux marchands, des hurluberlus aux génies, ils ont été, ils sont mes producteurs, mes scénaristes, mes dialoguistes, bref, mes metteurs en vie. Ce livre est leur livre, une autobiographie non autorisée puisqu'ils en sont les coauteurs à leur insu.

Seul trait d'union à cette galerie fantasque de portraits, une quête d'imaginaire. L'existence n'est qu'une perpétuelle réalité souvent ennuyeuse, elle ne vaut d'être vécue qu'emportée par les chevaux fous de nos fantasmes. Ils sont mon eau-de-vie quotidienne. La vieillesse commence lorsque les regrets l'emportent sur les rêves, j'ai la ferme intention de vieillir jeune. « Qui n'est pas occupé à naître est occupé à mourir », chante Bob Dylan. Renaissons chaque jour.

I

L'ENFANCE ENVOLÉE

(Rencontre avec le bon Dieu)

La seule tache de lumière est celle de la chambre du pion, vigie nocturne du dortoir endormi. Il est minuit, je suis depuis une heure à genoux sur une règle de fer. La scène est quasi hebdomadaire, je suis sa tête de Turc. Cet erzatz de facho guette mon moindre faux pas, ma moindre négligence, mon moindre mot, pour me consigner devant sa porte. Conséquence : je le provoque tant je hais tout ce qu'il est. Le manège sado-maso dure depuis un mois, j'enrage.

Ce soir-là, il fait frire deux œufs sur son poêle, me jetant par moments un rictus amusé comme un os à son chien. Soudain, il se retourne, je ne vois que son slip débordant de sa chemise, je saisis la fourchette traînant sur la table et la plante dans ses fesses. Je n'oublierai jamais son hurlement de stupeur et de honte mêlées. Je ne dus qu'à mes cothurnes réveillés en sursaut d'être protégé de sa rage vengeresse. Je n'en fus pas moins viré dès le lendemain matin.

Il avait la tête de l'emploi. Le cheveu paille, dru, ras, taillé en brosse à la légionnaire. Le regard gris acier, couleur baïonnette, le visage creusé par l'ascèse et la méchanceté, le corps taillé à la serpe des cent pompes par jour et soixante minutes de jogging qu'il s'imposait en stakhanoviste du biceps. Dans cet hiver 1950, nous étions trop proches de la guerre pour ne pas le traiter de petit nazillon. Il l'était dans l'âme bien que séminariste, un père Jekyll et Mister Hyde. Je ne sais plus, de la terreur ou de la révolte, ce qui m'animait le plus. J'étais depuis trois ans et trois mois prisonnier de ces satanés jésuites. Il avaient éduqué mon père vingt ans plus tôt, il m'avait donc, sens de la dynastie oblige, claquemuré dans ce même internat. Dans ce geste carcéral, il n'y avait que bonne volonté, celle de me donner cette éducation qui l'avait formaté pour réussir le rêve de sa vie : être radiologue, au temps où cette nouvelle science médicale débutait et se promettait de révolutionner la médecine.

Mon drame n'était pas seulement le choix de l'établissement mais son éloignement du cocon familial. J'étais à Montpellier, mes parents à Perpignan. Une distance – deux heures d'autoroute – qui fait sourire aujourd'hui mais qui était, voici un demi-siècle, une petite expédition. On y allait en train avec arrêt et changement à Narbonne, ce qui en faisait un voyage d'une demi-journée.

La notion même de week-end n'existant pas à cette époque, mon père travaillait le samedi à l'hôpital. Aussi ne voyais-je mes parents que pour les vacances scolaires, à quelques rares ponts près. Cet acte d'amour, c'en était un pour eux, tout aussi tristes que moi de cette séparation-pour-mon-bien, se fit acte fondateur et changea la programmation de mon existence.

J'exécrais chaque seconde de pensionnat. La messe quotidienne de six heures, que je servais pour me distraire, ne fit pas de moi un enfant de chœur mais un enfant rebelle. Mon père avait dix-neuf ans lorsqu'il commit la faute de me procréer. Il débutait ses études de médecine, je n'étais pas prévu au programme de première année. Ma grand-mère, ayant épousé une noblesse à vendre, ne voulait céder sa fille qu'en scellant une union à particule. Elle traita mon père de roturier et pria ma mère de me faire sauter. L'embryon que j'étais commença à se poser, très vite, des questions existentielles. Par bonheur, j'étais un enfant de l'amour, l'amour me sauva. Mon père enleva ma mère et s'enfuit à Paris.

Enfant de l'amour je suis né, enfant de l'amour je suis resté. De tous les amours conjugaux, familiaux, amicaux, professionnels, culturels. Amour des lieux aussi. Je fus gâté d'entrée de jeu : je poussai mon premier cri dans la plus belle ville du monde. Je n'aurais aimé naître nulle part ailleurs. Non par snobisme, rare défaut que je ne collectionne pas, mais par joie d'avoir les quais de la Seine pour parrain et la tour Eiffel pour marraine. Ma plus belle idée de publicitaire sera de la mettre en bleu pour célébrer la présidence française de l'Europe. Les villes d'aujourd'hui sont des villes debout, leurs buildings dressés comme des armées menaçantes vous méprisent de leur hauteur. Paris est une ville couchée, allongée autour de sa Seine, une femme fatale qui vous enlace à jamais.

Leurs diplômes en poche, mes parents retournèrent à leurs racines sudistes. Je n'aurai de cesse de retrouver les miennes et ma ville capitale. Ce sera le moteur à réaction de mon adolescence.

Dès que je fus en âge, mes parents courant vers leur fac me déposaient dans une crèche religieuse de la rue de la Tombe-Issoire. Je quittai le sourire inquiet de ma mère pour retrouver, celui, rassurant, de sœur Joseph, petite sœur des pauvres et grande fille de Dieu. Je me souviens de l'étroite salle de jeux où nous nous entassions, enfants du ciel autant que de la terre. De cette tendresse, de ce rayonnement, de cette sérénité dont sœur Joseph a peuplé mes premiers pas. Je suis né de deux mères. Je leur dois cette chance de croire que la tendresse est la première des vertus et l'hédonisme son meilleur complice. J'ai encore le goût des tartines de beurre de cacahouète qui étaient notre goûter. Sa seule réminiscence gustative éclipse tous mes repas d'affaires autour du monde. Je vis ainsi avec trois saveurs de ma petite enfance : le goût de l'indépendance, du soleil et de la cacahouète. Comment ne serais-je pas le plus heureux des hommes ?

Quand j'eus quatre ans, mes parents s'installèrent à Perpignan, la ville sucrée-salée de mon adolescence. La question de mon entrée en maternelle se posa. Il se trouvait que non loin de la maison, les sœurs de Saint-Vincent-de-Paul tenaient école dans leur couvent. J'étais à nouveau béni des sœurs, je quittai mes cornettes parisiennes pour retrouver des cornettes catalanes : même bonté, même renoncement, même abnégation. L'accent en prime. Dieu, pour moi, avait le visage de ces anges. Aux petites sœurs des pauvres, je devrai, d'entrée de jeu, plus que le goût de la vie : le goût des autres.

Hélas, jour après jour, ces bons pères jésuites détruisaient l'œuvre de mes bonnes fées, ma foi débutante se transforma en athéisme obtus. Je ne supportais pas cette mise en cage. Ces murs, plus hauts que des murs de prison, qui bouchaient mon horizon, ces confessions intimes chez le père supérieur à l'esprit saint et à la main baladeuse, ces réfectoires où il était interdit de parler, ces mises en rang, ces mises au pas, ces mises à part, qui rythmaient nos horaires. Ce chapelet quotidien de réprimandes, ces messes basses de nos gardes-chiourme, cette croix de silence et de mépris qu'il me fallait porter sur mes frêles épaules d'ado jusqu'alors trop gâté. Bref, ce fut mon « Prison Break », en miniature.

J'en bavais et cependant ma destinée s'est tracée là. Dans ce refus de l'ordre, de l'uniforme, de l'étiquetage, dans ces coups de tête qui me libérèrent sans que je les aie pensés et voulus. Dans ces coups de gueule qui me régénérèrent sans que je les aie prémédités ou maîtrisés. Ma vie avait d'ailleurs débuté derrière des barreaux, ceux de mon lit d'enfant version Fresnes, cerclé de tubes de fer d'un mètre de haut. Rassurez-vous, mes parents ne cherchaient nullement à m'emprisonner mais à me protéger. Partant ensemble à la fac à la première heure, et n'ayant pas les moyens de se payer une nurse, ils m'abandonnaient le temps des heures de cours. La concierge avait bien une maigre mission de surveillance, mais, c'est bien connu, la concierge est dans l'escalier. Ne croyez pas non plus que cet emprisonnement m'ait traumatisé ! Il me donna cette soif d'indépendance qui m'a fait un homme libre. Je sais, c'est la mode d'y prétendre, dans mon cas, il s'agit d'une nécessité vitale, mon oxygène à moi, dont ma mère me transmit le goût à peine eut-elle achevé de m'allaiter. Elle n'oubliait jamais de glisser mon lit sur roulettes jusqu'à la fenêtre. Me laissant seul avec la rue. Je la découvris en contre-plongée et en direct. A l'âge où les enfants jouent au train électrique, je jouais à regarder les passants. Une étude enfantine des mœurs qui me donna très vite le goût de l'observation de l'autre, la qualité première de tout communicant.

Je dois, de même, à ces années d'enfermement de m'avoir ouvert les chemins de la liberté. Sans elles, je ne me serais jamais enfui sur les routes de ce premier tour du monde en 2 CV, qui me catapultèrent sur la planète Com, et je n'aurais jamais ressenti ce besoin de provoc qui m'ouvrira les portes de la création. Mes parents m'ont fait ce que je suis, m'imaginant un autre. L'ont-ils cherché, l'ont-ils voulu ? Je m'interroge, cinq enfants plus tard, sur le rôle éducatif du père que je suis à mon tour devenu. Nos progénitures se forgent à notre insu et à contre-courant de notre « désir d'avenir » à leur endroit. Qu'est-ce qu'être un bon père, je n'ai qu'une réponse : être bon. La bonté reste le meilleur antidote à la méchanceté du monde. Plus père poule que père fouettard, plus père la pudeur que père psy, plus papa gâteau que papa la terreur, l'enfant de chœur a enfanté des enfants de cœur. C'est bien ma seule réussite éducative. J'ai d'ailleurs totalement échoué dans mes projections. Les mathématiques n'étaient pas mon fort, j'ai rêvé d'un fils polytechnicien pour venger ma nullité. Il est cinéaste. Par bonheur, enfin un Séguéla qui a du talent ! Trop accaparé par la pub, je l'enfermais dès l'âge de huit ans, avec mauvaise conscience, seul face à une cassette d'un chef-d'œuvre hollywoodien. Sa vocation est-elle née de cette irresponsabilité ?

Mes quatre filles jouent sur un autre registre. Un demi-siècle nous sépare. Ma vie se conjugue au passé, la leur au futur et notre présent fait le grand écart. Sara lit Freud et *No Logo*, elle s'adonne au bio, au zen, au sushi avec application. Elle se rêve en altermondialiste qui sauvera le monde en le refusant. J'aime sa chasse aux illusions mais elle ne me détourne en rien de ma pêche aux réalités. Entre nous, l'échange souvent tourne court. Mais je sais que c'est moi qui me trompe et que demain lui appartient. Avec Lola qui, pourtant, partage mes valeurs bobo, tout nous oppose. Elle est

Facebook, je suis LCI. Elle est *Gala*, je suis *Le Monde*. Elle est noctambule, je suis diurne, et cependant elle est plus dense, plus vraie, plus profonde que moi. Pas facile à nouveau de communiquer mais l'amour n'a pas besoin de compréhension, c'est sa force. Nous ne sommes plus dans le jeu de la vérité mais de la séduction. Chacune a sa manière. Sara, l'artiste par provocation, Lola l'hypersensible par soif d'affection, Ava la tendre par besoin de confiance, Mia l'affirmée par affrontement. Imaginez le père pluriel qu'il leur faudrait. Echec, me direz-vous ? Loin de là. Mes cinq enfants ont le seul cadeau que je pouvais leur faire : du caractère.

Le jour de ses dix-huit ans, Tristan, sur un ton grave, demanda à nous parler « en privé ». L'insolite de sa requête nous surprit, et plus encore lorsqu'il proposa que la réunion se tînt dans le lieu privilégié de nos discussions père-fils : mon bureau. Il n'y eut pas de préliminaire :

— Papa, maman, sachez que je vous aime et que rien n'affectera cette affection. Aussi vais-je vous dire avec tendresse ce que je crois indispensable de vous dire le jour de ma majorité. Mon cher père, je t'ai idolâtré, tu étais pour moi l'aventurier du bout du monde, le publicitaire de légende, le conseiller des grands, l'ami de tous, bref, le père idéal ! J'ai désormais l'âge des yeux ouverts. Le héros de mon enfance laisse la place à la réalité. L'aventurier est un bon bourgeois qui s'accroche à ses acquis, la légende se fait légende des siècles, le créatif est devenu patron avec tous les tics et les tocs de cette caste, les grands que tu fréquentes ne sont grands que par leur réussite matérielle, bref, chaque jour tu rapetisses. Tu n'en restes pas moins mon père préféré et je n'en aurais rêvé aucun autre, mais est-ce une raison pour s'aveugler ?

Sophie eut droit au même couplet, un ton en dessous.

— Tu as fait de ta vie un salon de coiffure où les bourges Neuilly-XVIe papotent sur leurs amants. Comme toute femme du XXe siècle tu t'es laissé étouffer par ton mari. Ton ambition se limite au shopping et aux maisons, tu as du talent pour les deux. *So what* ?

Je pris la main de Sophie qui n'en menait pas plus large que moi. Nous nous regardâmes, hésitant entre le courroux ou filer doux, nous optâmes pour le sourire.

— Bien joué, mon fils, tu n'as pas tort sur le fond. La forme aurait pu être moins abrupte mais tu as tout compris, de la pub, ne t'en déplaise. Tu sais créer l'impact.

Francette, l'amour en herbe

Mes années d'internat rebelle, faute de me donner l'éducation religieuse et hellénique prévue, firent mieux, elles me précipitèrent dans une éducation sentimentale à cœur ouvert.

Elle avait le visage d'un ange, prolongé par un cou qui n'en finissait plus, grande pour ses treize ans, déjà presque femme, d'une beauté si troublante pour le garçonnet du même âge que j'essayais désespérément de vieillir. Elle était, n'est-ce pas la coutume, la meilleure amie de ma cousine. Ma tante Mimi, grande bourgeoise montpelliéraine, me recevait de temps à autre le jeudi, c'était la volupté de ma semaine. Ces cinq heures fantasmagoriques, hors des murs de ma maison de réclusion, me payaient de mes frustrations d'élève des jésuites, surtout lorsque Francette était présente. Le déjeuner familial s'achevait alors en partie de cache-cache qui me rendait malade de désir. Aujourd'hui encore, il me suffit de fermer les yeux pour retrouver son rire de Blanche-Neige et ses lèvres de diablesse : je n'avais que le droit de les effleurer entre deux cachettes, mais quel vertige !

Très vite, je ne vécus plus que pour Francette. Dans ma vie de taulard en culottes courtes, elle devint ma fixette. Son collège était à quelques centaines de mètres de mon pénitencier, mon énergie entière était engagée à trouver le moyen de m'échapper de l'enfer pour me trouver à seize heures devant sa sortie de cours et pouvoir lui prendre la main en faisant quelques pas.

Je commençai par m'inventer un asthme imaginaire, ayant découvert que, sur le chemin de l'amour, se trouvait un allergologue. Hélas, mes bons pères ne me laissèrent jamais sortir seul, j'en fus pour mes frais. Et je fus puni. Je devins réellement asthmatique à trente-trois ans sans savoir si mon mariage cette année-là (loin de Francette) en était la cause, ou s'il s'agissait d'une vengeance divine pour avoir doublement péché : par mensonge et par luxure.

J'enchaînai en invoquant la mort subite d'une amie de ma tante Mimi et l'obligation d'aller me recueillir près de sa couche funèbre. Le père maton de service téléphona aussitôt à Mimi, qui lui raccrocha au nez croyant à un sinistre canular. Mon garde-chiourme prit la farce au sérieux et me plaça en retenue deux jeudis de suite.

La troisième tentative fut la bonne : je fis tout simplement le mur. Il était haut de cinq à six mètres, donnant d'un côté sur une ruelle menant à mon avenue du bonheur mais surtout ceinturant, de l'autre, la cour de récréation. Il fallait donc une échelle à l'abri du regard des pions et des élèves à cette heure d'étude.

Je fus sauvé, quelques semaines plus tard, par des peintres ravalant les extérieurs du couvent. J'empruntai aussitôt leurs outils et leur tenue de travail. Passant ainsi inaperçu, je me lançai dans ma belle vers ma belle. Monter au faîte du mur fut facile. Le redescendre grâce à une corde à nœuds décrochée du portique de la salle de gym fut ma perte. Une voisine, croyant à un cambriolage, appela la police, qui me fit, à mon retour, l'accueil que je méritais.

Qu'importe les quatre nouveaux jeudis de colle qui s'ensuivirent, j'avais fait cent mètres au bras de Francette et décodé dans ses yeux qu'elle m'avait pris « l'espace d'un matin, l'espace d'une rose », pour son homme.

J'avais quatorze ans en continuant d'en paraître douze, à un âge où seul l'inverse vous pose. Arsène Lupin en culottes courtes, j'espérais avoir l'estime complice de mes pairs pensionnaires.

Loin s'en fallut. Ils me prirent en grippe sans que je sache s'ils étaient jaloux de ma rébellion, envieux de mon romantisme ou conscients de mon ridicule. Je fus mis en quarantaine. J'en souffris à pleurer. Arriva ce qui devait arriver, je me repliai sur moi-même, m'enfermai dans un mutisme que je voulais mépris. Un soir, à la récréation d'avant le dîner, profitant de la pénombre hivernale, ils m'encerclèrent à quatre ou cinq, je pris la raclée de ma vie. J'en sens encore les relents de fureur et d'humiliation.

Dès le lendemain, j'écrivis une lettre à ma mère où se mêlaient la rage, la honte et l'impuissance. Elle me répondit en m'offrant des cours de boxe dans une salle huppée de la ville. Faute de muscles et de courage, je fus un apprenti boxeur assez pathétique mais passionné et poursuivis ce sport jusqu'à la cinquantaine. Mes camarades de classe me voyant quitter le jeudi la pension, mes gants de combat en bandoulière, me prirent soudain pour un puncheur que je n'étais pas. La vie, aussi, ne me mit plus jamais en position de recevoir des coups, j'aurais été bien incapable de les rendre.

Félix, libertin libertaire

Moins solitaire mais plus rebelle, je poursuivis ma vie de pensionnaire. Mon niveau scolaire suivait la pente de mon refus de l'ordre. Mon adolescence courait au fiasco.

Heureusement, il y avait Félix, mon grand-père maternel. Quel oiseau rare ce Félix ! Il m'a légué cet optimisme béat qui me fait toujours espérer en des lendemains bleus. Il était un fils de famille mi-anglaise, mi-française, les Le Forestier. Rien ne manquait à sa noblesse : blason (un lion sur sable armé lampassé et couronné de gueules), un château en Bretagne et, cerise sur le « pudding », une marque de champagne très à la mode dans les années 1900. La Première Guerre mondiale, sa vie dispendieuse, son incapacité à gérer une affaire firent s'évaporer le tout. Du champagne, il ne resta que les bulles. Qu'importe, Félix était un dandy impénitent, un charmeur incontournable, un séducteur irrésistible. Ma grand-mère Lydia s'amouracha du beau parleur et tout autant de sa belle particule. Née dans une famille paysanne d'un petit village du Gard, Congénies, son rêve était de s'anoblir. Elle avait fait fortune et se paya Félix. Mais Félix était impayable, elle s'offrit l'homme mais pas le bonheur. Le couple fit quatre enfants mais jamais vraiment l'amour. Ils divorcèrent après trente ans de ratage. Sexagénaire fringant aux vivres coupés, le mari évincé décida, plutôt que d'élire domicile, de vivre en train.

Fort d'une pension professionnelle qui lui donnait accès aux premières classes, il sillonna la France, allant d'un fils à une fille, d'un ami à une amie, tenant salon dans les wagons-restaurants, poursuivant ses conquêtes dans les wagons-lits, nouant entre deux gares des relations mondaines qui lui offraient quelques jours de gîte et de couvert. Conteur ne sachant pas compter, aussi érudit que frivole, fauché mais libéré du carcan conjugal, Félix trouva enfin la félicité.

J'étais sur la liste de ses visites. Ainsi débarquait-il de son paquebot sur rail pour venir m'embrasser trois ou quatre fois dans l'année. Le rite était immuable. Il sonnait à la grille du pensionnat à l'heure pile d'une interrogation sur une de mes matières faibles (il avait le choix). Après quelques réticences du gardien, arguant que ce n'était pas une heure convenable, il forçait la porte et exigeait ma sortie du cours. Nous nous retrouvions seuls dans la grande salle du parloir sous le regard des douze apôtres qui sanctifiaient les murs lambrissés. Il m'embrassait à m'étouffer, sans un mot, comme si c'était la dernière fois, et, soudain, meublait le silence en vidant sur la table toutes ses poches. Quelques pauvres billets de banque, un canif, des ciseaux, deux ou trois stylos mâchonnés. Parfois une pomme ou des dragées, et une multitude d'objets insolites et changeants. Des boutons de nacre, un *pocket book*, des rubans multicolores, de la menue monnaie étrangère, des papiers griffonnés, des épingles de cravate, des lacets vierges, des photos écornées. Un étrange inventaire à la Prévert loin de Corneille et de Racine, de Voltaire et de Rousseau qui étaient à mon programme. Immuablement, Félix séparait sa fortune du jour en deux et m'en offrait une moitié. De ma vie, je n'ai jamais eu de cadeaux plus beaux. Il m'arrive encore, en ouvrant un tiroir, de retrouver l'une ou l'autre de ces pacotilles. Et je fonds. N'est-ce pas là la vraie éducation ?

Puis mon grand-père me quittait en quelques pas de claquettes qui le transformaient en un sémillant Gene Kelly l'espace d'un au revoir. Je restais pétrifié de bonheur, envahi d'une soif de générosité, de romantisme et de non-conformisme. L'opposé de l'enseignement jésuite que je subissais dans ma cage. Et je m'en retournais, l'esprit plus que jamais en rébellion, avec mes envies d'évasion qui me faisaient tenir. Jusqu'au jour où le révérend père supérieur m'apprit la nouvelle : Félix était mort d'une crise cardiaque dans une gare du sud, à Limoux, baptisée la ville des fous parce que dotée du plus grand hôpital psychiatrique de la région. Pouvait-il rendre son âme ailleurs, ce prince de l'originalité ?

Dans son testament, Félix me légua sa carte de « citoyen du monde ». Il était très fier d'avoir été l'un des tout premiers adhérents de la plus belle idée depuis l'invention de la démocratie : la création d'un monde devenu village où chacun parlerait, comprendrait, respecterait, bref aimerait son prochain. Au legs était jointe une dédicace griffonnée sur un carton jauni. Elle me donnera le sens de l'existence : « Où que tu ailles, mon petit-fils, garde cette carte sur ton cœur et cherche la paix et l'amour. »

Heureux Félix ! A chacune de nos rencontres, il me lisait quelques vers de l'opérette qu'il écrivait entre deux gares à la gloire du rail et qui se terminait par un triomphal : « Va, cheminot... chemine. » Est-il plus beau slogan de vie ?

Comment cet être à part, non conformiste, non utilitariste, non consumériste, pétri, à parts égales, de futilité et de bonté, a-t-il pu partager trente années de la vie de mon inflexible grand-mère ? Dix ans les séparaient mais le plus enfant des deux n'était pas celui de l'état civil. Tout opposait ce couple, lui, fringant et fragile, elle, imposante et indestructible. Lui, homme de mots faute de l'être de lettres, elle, femme d'action faute de l'être de tendresse. Lui, libre penseur, nomade et je-m'en-foutiste, elle, profondément bien-faisante, bien-pensante, protestante. Lui, désengagé et inutile (et cependant si formateur), elle, investie et efficace (et cependant si déformante). Il y avait du Jack Kerouac avant l'heure chez Félix, du Ségolène Royal, version croyante, chez Lydia. Je suis ainsi l'héritier du meilleur mais surtout du pire de mes deux aïeux antinomiques, généreux mais dispendieux, romantiques mais pragmatiques. La chance en prime, qui, sans raison, ne m'a jamais abandonné, mais fut sans pitié pour eux.

Lydia, la vie en noir

Ma grand-mère était l'intelligence même, première femme diplômée chirurgien de la faculté de Montpellier. Elle n'avait entrepris ses études que pour accomplir le serment fait à sa propre grand-mère. Mon aïeule était rebouteuse dans ce petit village de Congénies qui vit naître Lydia. Elle guérissait l'inguérissable. Ses résultats étaient stupéfiants, à l'image de son traitement à base de plantes et de poudre de cantharide, un coléoptère à tête large et corps mou, d'un vert métallique très 3D. Aphrodisiaque réputé, elle en avait, par de savants mélanges, fait une pommade miracle contre le cancer des os. Sur son lit de mort, elle légua à sa petite-fille le secret de ses guérisons, lui faisant jurer de devenir médecin avant de le mettre en pratique. Elle voulait lui éviter cette illégalité médicale qui avait empoisonné sa vie. Promesse tenue : la jeune diplômée, fierté de sa fac, surprit ses maîtres en refusant d'exercer son art autrement que dans l'alter médecine : une médecine de pauvre exclusivement réservée aux riches. Elle ne soignait que deux ou trois malades en même temps, de toutes races mais de même fortune, tous déclarés condamnés par leur clinicien. Elle les hébergeait chez elle, dans l'un des plus somptueux hôtels particuliers Louis XIV de la ville, donnant sur les jardins à la Le Nôtre du Peyrou. Ils ne la quittaient pas jusqu'à leur guérison qui pouvait prendre deux, trois, voire cinq ans. Le prix du séjour était exorbitant, mais ses pensionnaires, qui venaient en cure un mois sur deux, partageaient avec délice la vie mondaine de leur praticienne, recevant le Tout-Montpellier la semaine, et se déplaçant pour récupérer, le week-end, dans sa fastueuse propriété de Congénies, berceau de ses ancêtres et de son don.

En quelques guérisons spectaculaires, la rebouteuse des milliardaires fit sa pelote. Elle menait grand train, 402 Peugeot B légère décapotable, garde-robe Chanel, orchestre de chambre, vaisselle Grand Siècle, maître d'hôtel en livrée et temple privé. Un fils, Roger, chirurgien émérite, un Kouchner avant l'heure, qui, ses études achevées, décida, remettant à plus tard son installation, d'offrir deux années de sa vie aux déshérités du monde. Ainsi s'embarqua-t-il pour Lambaréné, l'hôpital gabonais du docteur Schweitzer. Il y découvrit l'Afrique et l'horreur, l'amour et la trahison, l'humanitaire et l'inhumanité. Amoureux fou de l'infirmière en chef qui dirigeait la mission, il déchanta, lorsque six mois plus tard, l'excellent docteur, revenu à l'improviste d'une de ses tournées de pianiste vertueux et virtuose en Europe, mit un terme à ses étreintes tropicales. Schweitzer le renvoya sur-le-champ. Il était l'amant de la dame qui s'était bien gardée de l'avouer à son jeune Roméo. Chassé, avec pour tout émolument une pirogue et deux porteurs qui s'enfuirent à la première nuit venue, il mit deux mois à atteindre la mer et retrouver la France. Et dut subir deux ans de cure à Vichy pour recouvrer sa santé et ses illusions perdues. Plus tard, installé au Chambon-sur-Lignon, en Haute-Loire, il s'engagea dans l'armée des ombres dès le premier jour de la Résistance, fut pris par les Allemands dans les derniers jours de l'Occupation, et fusillé sur place.

Le lendemain, on célébrait la victoire et ma grand-mère pleurait son fils. Ce n'était que le début de sa longue souffrance. Deux ans plus tard, au volant de sa Peugeot, elle perdit le contrôle du véhicule et le sens de sa vie. Ses deux filles, Ginette, la jumelle de ma mère, et Josette, la cadette, périrent dans le choc. Elle se retrouva seule, refusant de partager son malheur et ce qu'elle considérait comme sa faute. Ma mère, elle-même, fut tenue à l'écart. Déshéritée et exclue de la famille pour s'être fait enlever par mon roturier de père, elle ne retrouva jamais l'affection maternelle. Pour la défense de ma grand-mère, je dois avouer que Petit Louis – c'était le surnom de mon père – avait signé son bannissement le jour même où Lydia lui refusa sa fille qui était déjà ma mère (je naquis six mois plus tard). Pour se venger, en carabin qu'il était, il dévissa sa plaque de cuivre : « Docteur Lydia Le Forestier, chirurgien » pour la remplacer par « Madame Irma voyante » sise trois rues plus loin…

Je restai donc le seul de la famille à être toléré le dimanche, et seulement le dimanche, à la table grand-maternelle. Je ne saurai jamais si ce fut par devoir ou amour, curiosité ou malice, mélancolie ou malignité. Qu'importent l'endroit, sa faune people et sa flore à particule, je pus arpenter un nouveau champ d'expérience, à l'opposé de ma tante Mimi, bobo avant l'heure. Je vécus en ethnologue en herbe cette vie mondaine de province qu'agitait Lydia, rêvant d'être la Mme Récamier du moment dont le Chateaubriand s'appelait le comte de La Rochefoucauld. Les barons de la noblesse ou de l'économie ne manquaient jamais à sa table où se côtoyaient la cantatrice à l'affiche de l'Opéra, fierté de la ville, un grand voyageur de passage, de préférence homme de lettres, le savant venu donner sa conférence annuelle à la faculté des sciences et le pasteur de circonstance. J'épiais chacun, scrutant les regards, fouillant les consciences, et ne m'en tins pas à cette seule observation. C'est ainsi que je découvris la double vie de ma grand-mère. Femme de raison le jour, femme de passion la nuit. Un dimanche où je me réveillai tôt, je quittai mon lit pour mon exploration matinale. Sur le trajet se trouvait la chambre de Lydia. Murs tendus de toile de Jouy, lit à baldaquin digne de Versailles, boudoir à la Marie-Antoinette, moquette épaisse façon Ritz, le roi n'était pas son cousin. La porte était entrouverte, je ne pus réprimer mon instinct de voyeur. Ce fut le choc. Sous le baldaquin je découvris, endormis et enlacés, Lydia et le pasteur du jour, célèbre évangéliste yankee, de trente ans son cadet, venu en France convertir les foules. Mon éducation catholique m'interdit de donner son nom, mais il vit toujours et n'a guère retrouvé la sagesse : il a soutenu Bush. Une énorme malle Vuitton où pendaient une centaine de cravates trônait au milieu de la pièce, l'homme de Dieu ayant la marotte d'en changer plusieurs fois par jour et de ne jamais remettre la même. De cet instant, je fus pris d'une Vuittonmania qui me poussa à devenir le publicitaire de la marque que je sers depuis quarante ans.

Aimé, grand-père la rigueur

Mes sorties du jeudi étaient, elles, réservées à mon grand-père paternel. Changement de planète. Aimé – je lui dois mon second prénom – était haut fonctionnaire. Rigoureux jusqu'au ridicule, exigeant jusqu'à l'emmerdant, mais homme de qualité autant que de principes. Bref, tout ce que je ne suis pas. Je découvris, hélas trop tard, qu'il avait ses fêlures. Dommage, elles me l'auraient fait tant aimer. Sa vie ne fut qu'une longue marche au service de l'Etat qu'il ne cessait de remercier de l'avoir fait ce qu'il était. Natif d'un petit village de l'Ariège, Saint-Jean-du-Falga, ses origines étaient plus pauvres encore que celles de Lydia. Son père était un ouvrier journalier se louant à l'un ou à l'autre, pour les travaux des champs. Plutôt que d'acheter de la terre, il avait fait le choix de sauvegarder chaque sou possible pour offrir à sa progéniture les études qu'il n'avait pu entreprendre. Le fils aimant ne lui fit pas défaut. Il décrocha chacun de ses deux bacs avec la mention très bien. Son maître d'école, à qui il se confia, lui conseilla d'entrer dans l'administration et de servir la plus noble des missions de la République à ses yeux, la collecte de l'impôt. Aimé usa donc sa vie comme directeur des contributions directes, le plus intègre et le plus efficace qui soit. Ayant hérité du sens de l'épargne de son père, il économisa jusqu'à pouvoir, un jour, s'acheter ce qui, à l'époque, sacrait tout notable montpelliérain : quelques arpents de vignes. Dans son obsession de supprimer toute dépense inutile, il se décida pour une propriété aux portes de la ville, où il pourrait se rendre à pied, économisant ainsi les frais d'essence de sa voiture. Son obsession de proximité ne lui fit pas choisir la meilleure terre. Son vin était exécrable. Il engloutit le reste de ses économies à chercher, sans y parvenir, à le bonifier. Qu'importe, sa terre saura le remercier. Vingt ans plus tard, ses hectares de mauvais rendement devinrent des hectares de bon placement : cent mille mètres carrés de terrain à bâtir. En fin de route, Aimé se trouva riche. Et voici qu'il décida le hold-up de sa vie. Voulant laisser son bien à ses enfants, il répartit en billets la somme de la vente miracle dans deux malles de fer. Il prit le train pour l'Espagne et les déposa dans une banque à la disposition de son fils et de sa fille. Le serviteur modèle de l'Etat ayant, sa vie durant, taxé ses concitoyens, s'offrait avant de rendre l'âme l'exemption d'impôt sur la fortune et les droits de succession.

Grâce à mon père, ce témoignage d'amoralité ne me donna pas le goût de tricher avec la fiscalité mais, mieux, de ne jamais tricher avec le plaisir de vivre. Je reçus, quelques jours plus tard, une convocation paternelle à me rendre dans une ville frontalière espagnole. « C'est un ordre », me dit-il.

Je le retrouvai donc dans un modeste hôtel du coin. Sur le lit trônait la malle indigne. Mon père l'ouvrit et me montra les billets. Des milliers de billets verts : mon grand-père avait changés les francs en dollars. Nous étions dans un film de Melville, Petit Louis jouait Gabin et moi, Delon.

« Mon fils, déclara-t-il d'une voix solennelle que je ne lui connaissais pas, j'ai voulu que tu voies cet argent, que tu le touches du doigt, que tu le respires. Sache que je vais le dépenser jusqu'au dernier cent. Je n'ai jamais espéré hériter de mon père et cela m'a fait la vie heureuse. Je ne voudrais pas empoisonner la tienne à attendre ma mort. »

Le coup de Jarnac devenait cours de morale. Mon père ne tint pas sa promesse. Certes, il vécut dès lors en seigneur mais voulut me laisser une part de la malle. Sur ses derniers mois, victime d'une attaque qui le laissa à demi paralysé, il se fit dévaliser par l'une de ses ultimes conquêtes qui mit, avec son consentement inconscient, la main sur le reste du pactole. Chacun de nous est toujours puni par là où il a péché. Petit Louis avait trop aimé les femmes et trop trompé les maris pour ne pas en payer un jour le prix.

Pour en revenir à mon adolescence, mes jeudis chez Aimé étaient autant de leçons de choses. J'avais quinze ans et tel Petit Louis, je trouvais que la femme était ce que Dieu avait créé de mieux. Mon grand-père me surprit donc un jour accompagné d'une conquête que je quittais d'un baiser devant sa porte.

En fin de repas, il me lança : « Pourquoi n'invites-tu donc pas ta petite amie, notre table lui est ouverte. »

Je m'exécutai dès la semaine suivante, le déjeuner fut un glacial examen de passage pour se terminer en examen de conscience. Aimé me prit à part et me dit :

— Elle est intelligente mais il en existe aussi des belles et intelligentes.

Certes, ma copine du jour n'était pas Miss Palavas. Je considérais, n'en déplaise à Aimé, comme un exploit de l'avoir décidée aussi vite à paraître à un déjeuner de famille. Piqué au vif, je mis deux mois à convaincre la plus jolie fille de mes connaissances à venir partager notre rite du jeudi.

La rencontre fut plus enjouée, je compris que, bien qu'affichant son éternelle fidélité, Aimé aimait les femmes. Il n'empêche qu'à la sortie, après avoir soumis ma conquête à un réel interrogatoire, il me glissa à l'oreille :

— Elle est intelligente et belle mais il en existe aussi des intelligentes, belles et riches.

Je ne revins plus jamais au bras d'une jeune fille pour nos agapes du jeudi. Seule Francette avait toutes les qualités requises, mais elle était mon jardin secret. Pas question de la laisser piétiner par Aimé. Je n'en fus pas moins son

Candide et lui mon Voltaire bornant mes jeunes années de travaux pratiques philosophiques.

Le plus décisif se déroula trois ans plus tard. Je venais de rater mon deuxième bac pour la troisième fois (juin, septembre, juin) après n'avoir été reçu au premier qu'au quatrième essai (juin, septembre, juin, septembre). La situation était quasi désespérée.

« Envoie-moi Jacques deux mois ces vacances, dit mon grand-père à mon père, je vais le faire bachoter à ma manière. »

Je débarquai penaud à Montpellier. Aimé me fit monter dans sa traction avant. Nous roulâmes une bonne heure sans un mot. Je n'osai briser le silence tant je me sentais imbécile à perpétuité, bon à rien patenté. Nous arrivâmes sur la place d'un petit village méridional où la couleur locale est, pour les autochtones, celle de l'ennui. Pas le moindre cinéma, moins encore de bistrots de jeunes. Seul spectacle : celui de petits vieux se balançant comme des culbutos sur le pas de leur porte. Aimé se gara et me fit entrer dans une boulangerie. Nous passâmes dans l'arrière-boutique. Le mitron torse nu, ruisselant de sueur et de farine, enfournait les pains dans les flammes bondissantes. On jouait *Les Misérables*.

— Cette boulangerie, me dit Aimé, je l'ai achetée la semaine dernière. Si tu es collé une dernière fois à ton bac, elle sera pour toi. Tu feras ta carrière là.

Je n'ai aucune aversion pour le métier de boulanger, mais la scène fut si brutale qu'elle me coupa le souffle. Je vis ma vie en accéléré et je compris qu'elle se jouait à quelques rendez-vous à ne pas manquer. Mon inconscience, qui rimait pour moi avec adolescence, se brisa là. Dès le lendemain matin et tous les jours suivants, lever à six heures et, face à la baguette d'Aimé, se déroulèrent quatorze heures par jour de séances de rattrapage. Je m'immergeai dans les annabacs jusqu'à la nausée.

Deux mois plus tard, j'étais reçu en frôlant la mention. Je n'ai plus jamais été collé à un examen depuis, fût-ce pour le permis de conduire.

Nous croyons faire notre vie, c'est la vie qui nous fait. Et d'abord ces arrêts sur image qui nous ont forgé malgré nous. Sans Félix, sans Lydia, sans Aimé, qui serais-je ? Se sont-ils seulement rendu compte qu'au détour d'une phrase, d'un geste, ils traçaient mon existence ?

Sans Félix, aurais-je entrepris ce premier tour du monde en 2 CV qui a changé *my way* ? J'ai si peu vu cet homme et je l'ai tant aimé. Il m'a transmis le culte de la liberté et de la générosité, deux vertus trop lourdes pour ne pas les transmettre avec légèreté. En les teintant de l'insouciance de sa frivolité, il a su ne pas me les imposer.

Sans Lydia, aurais-je eu ce souci de la différence et ce sens de la représentation qui m'ont sacré publicitaire ? Certes, j'en ai usé et abusé si souvent jusqu'au ridicule, et donc à mes dépens, mais ils m'ont fait traverser l'existence, sûr de mon engagement pourtant si factice. Je n'ai pas vraiment aimé ma grand-mère, trop raide, trop sèche, trop égotiste. Qu'importe, elle m'a, à sa manière, donné ce goût de l'affirmation de soi qui a vaincu ma première faiblesse d'adolescent plutôt gringalet, plutôt inculte, plutôt provincial : une handicapante timidité.

Je n'ai ni aimé ni détesté Aimé. Rien de sa vie ne m'attirait, ni son dévouement à l'Etat, ni son dévoiement. Pas plus que cet autocontrôle de chacun de ses gestes, de chacun de ses mots. Et moins encore cette existence de notable de province, si sensible à l'apparence, si réglé par la loi, mais tellement studieux et consciencieux aussi. Loin de moi l'idée de lui jeter la pierre. Il m'était supérieur en tant de points. Simplement son idéal me semblait si pesant, si contraignant, si emmerdant. Je me trompais, bien sûr. A lui aussi je dois ma vie. Sans le coup de la boulangerie, qui serais-je aujourd'hui ?

Je regrette de ne pas avoir su le cerner, de ne pas l'avoir pris dans mes bras, de ne pas en avoir fait le complice de mes petits bonheurs et de mes petits malheurs. Mais la vie est ainsi, il faut l'avoir vécue pour la comprendre.

II

La liberté en culottes courtes

(Rencontre avec le diable)

On ne devient pas le cancre patenté que je fus sans une longue descente aux enfers. Je mis trois ans à glisser sans retenue des bras de Dieu à ceux de Satan. De retour à Perpignan, mon algarade fit en quelques jours le tour de la ville. Pour mes copains, j'étais un sujet d'admiration. Pour les amis de mes parents, un sujet d'observation et pour les filles, un sujet d'excitation. Cette reconnaissance imméritée me monta à la tête. Ma timidité s'enfuit d'un coup, mon goût de la provoc prit sa place. Nous étions en janvier d'une année cruciale : le premier bac. N'osant plus me confier à un établissement religieux, mes parents m'inscrivirent au lycée Arago. Après trois années d'enfermement, j'étais libre.

Je ne me souviens pas d'avoir jamais été aussi heureux. Je retrouvais, du même coup, ma famille, mes copains et d'abord Jean-Claude, mais surtout le droit à la rue, aux autres, aux rencontres. Le droit à la vie. Hélas, c'est ma nature, je versais d'un excès dans l'autre.

La liberté est une drogue comme une autre, je fus addict en quelques jours. Au point de ne plus supporter l'école. Je fis chapeau dès le deuxième mois et ne sachant comment expliquer ma fugue, je commis ce qui aurait pu être l'irréparable. Une simple lettre sur papier à en-tête tapée à la machine, c'était l'habitude de mon père dont j'imitai la signature. Elle était adressée au proviseur du lycée : « Mon fils est atteint d'un début de tuberculose. Je me vois dans l'obligation de le confier à un sanatorium de Font-Romeu, pour quelques mois, afin d'enrayer le mal dès la naissance. Le voici obligé de quitter sa classe, il continuera ses cours par correspondance... » Je n'imaginais pas dans quelle spirale infernale allaient me jeter ces quelques lignes.

Je me retrouvai livré à moi-même. Mes turpitudes allaient durer six mois sans que ni mes parents, ni mes profs ne se posent la moindre question.

Je fus très vite puni de mon accès de fièvre libertaire. Je dus, chaque matin, quitter la maison à sept heures et ne pas rentrer avant dix-sept heures. Les premiers jours eurent un effet qui vous rend, comme le vent, insaisissable. Je m'envolai d'un quartier à l'autre de la ville, trouvant chaque coin de rue extraordinaire. A la dixième fois, il se fit ordinaire. Je m'étais trouvé une nouvelle prison, pis encore que celle des jésuites : la solitude. Tous mes copains étaient en classe, il me fallait tuer le temps, tout en me cachant du regard de mes parents, de leurs amis, ou du premier dénonciateur venu. J'étais en cavale.

Le début de journée, j'abritais ma libération usurpée dans un bistrot minable où l'on ne se posait pas de questions sur ma présence aussi assidue qu'insolite. J'essayais cahin-caha de suivre les cours en feuilletant mes livres de classe. Baudot me donnait l'agenda de la semaine. Mais je fus très vite largué. J'étudiais des leçons que je ne récitais jamais, je faisais des devoirs qui restaient sans corrections, j'étais à la dérive. Ma seule occupation matinale était de taper le carton avec les vieux habitués. Je devins pro de belote. Hélas, cette discipline n'était pas inscrite au programme du baccalauréat !

Par bonheur, il y avait le ciné. Chaque après-midi, j'allais dans une usine à rêves différente. Bien incapable de payer mon billet, j'entrais par la sortie de secours et me fondais aux rares spectateurs présents. J'ai vu tout ce que l'on peut voir dans une salle obscure. Fornicateurs en tout genre, veuves esseulées, amoureux transis, représentants de commerce désœuvrés, camés de ciné capables de revoir trois fois de suite la même pellicule, clochards prenant la même entrée que moi et que les ouvreuses toléraient comme elles me toléraient. Nous venions tous chercher notre piquouse d'imaginaire et nous étions servis. Hollywood déferlait sur la France. C'était l'avènement du CinémaScope, l'émerveillement des stars de Rita (Hayworth) à Lara (Turner), de John (Ford) à John (Wayne), de Gable à Garbo, de Bacall à Bogart, de Clift à Cooper, de Welles à Walsh, et avant tout de Marilyn à Sinatra qui bercent encore mes fantasmes. Je fis ainsi, très tôt, cette découverte qui nourrira plus tard mes premiers pas publicitaires. La star est marchande de rêve et le rêve ne peut se tarifer. Il est le seul produit dont on ne demande jamais le prix de revient. C'est normal, son prix de vente n'a de limite que celle du nombre de spectateurs touchés. J'en ferai le credo de mon métier, fasciné par cette rencontre fatale du commerce et de l'art, de la déesse et de la marchandise. Je découvris le pouvoir magique des icônes sur pellicule. Je compris que ce produit emblématique de notre société de consommation, alors naissante, allait capter nos attentes anthropologiques fondamentales que, déjà, la religion et la politique commençaient à décevoir. Cette version new-look des dieux de l'Olympe et des héros de la mythologie allait créer une nouvelle dévotion. De là à l'appliquer aux marques, il n'y a qu'un pas que je franchirai dès mon entrée dans la pub. Ma carrière se scellait dans ces salles obscures de Perpignan. J'étais à tout jamais un amoureux de l'image, un accro de l'imaginaire, un apôtre du fantasme. Bref, un saltimbanque.

Seul bémol, l'imaginaire ne nourrit pas son homme. Woody Allen le dit : « Je hais la réalité, mais c'est le seul endroit où l'on peut se faire servir un bon steak. » Qui dit oisiveté, dit fric. Même si j'étais nourri, blanchi, logé, je n'arrivais plus à financer mes petits déjeuners, sans compter le prix du tram, mon moyen de locomotion quotidien, et quelques achats stupides, rançon de tout désœuvrement.

Il me fallait trouver un job. Acculé, je glissai un peu plus sur la pente de mon mauvais penchant, je me fis faussaire. Vint le terme du trimestre et le moment où mon père recevrait l'enveloppe qu'il attendait avec anxiété, celle de mon bulletin. J'eus beau retourner les solutions de repli dans ma tête, l'équation se résumait soit à tout avouer, soit à livrer un faux. Je choisis le faux.

Je fis des essais de corrections d'anciens bulletins. Ils furent catastrophiques. Il ne restait que l'édition. Les mauvaises actions sont toujours plus faciles à mener que les bonnes. Je trouvai, sans trop d'embarras, un imprimeur dans le besoin qui, pour quelques billets, feignit de croire mon histoire d'envoyé de l'intendant du lycée pour renouveler ses stocks. Le premier acte du fric-frac avait été presque trop simple, il fut plus périlleux de joindre le contenu au contenant. Pour tromper mon monde, il me fallait troquer mes pattes de mouche en écritures professorales qui plus est différentes selon les matières, chaque maître remplissant à la main son diagnostic trimestriel. J'eus recours à mes fréquentations de bistrot qui entrèrent dans la combine moyennant une tournée générale. Restaient les tampons – facile – et la livraison – plus risqué – car c'était le moment où tout pouvait capoter. Je guettai plusieurs matins le facteur afin de substituer son pli au mien avant que mon paternel n'ouvre la boîte aux lettres.

Je réussis mon coup. Dans toutes les matières je faisais partie des trois premiers. Les appréciations étaient le point d'orgue de ma contrefaçon. Je m'étais procuré les bulletins de mes copains bons élèves. Chaque professeur avait son style. Je le respectai à la lettre jusqu'à accoucher d'un vrai faux bulletin. Mon père me félicita, et se félicita lui-même, se vantant à la cantonade d'avoir fait le bon choix en se montrant solidaire de mon attaque à la fourchette. Tel un cadre supérieur méritant, je reçus une prime. Elle allait me permettre de financer mes premières semaines de séchage du troisième trimestre. La belle reprenait de plus belle.

Je menais grand train, osant m'attabler en fin de journée à la terrasse du France, le Flore perpignanais. Entre deux revues porno, je m'achetais quelques vinyles de Charles Trenet et de Frank Sinatra. Très vite, j'eus de nouveau la cote. Me vint donc une idée plus scabreuse encore que la première : monnayer mon méfait en vendant, à deux ou trois cancres de ma classe, mes bulletins salutaires. Incroyable mais vrai, la combine marcha, nul élève ne cafta et nul parent ne douta. J'étais devenu un délinquant en herbe.

Le crime était presque parfait, lorsque survint le grain de sable qui fait dérailler les machines infernales. Inquiet de ne plus avoir de nouvelles, le proviseur écrivit à mon père pour le prier de passer le voir. Comprenant mal sa démarche, celui-ci me convia au rendez-vous, un matin à neuf heures. Petit Louis ne goûtait guère les convocations, d'autant que neuf heures était l'heure de sa visite à l'hôpital, et qu'en mandarin scrupuleux il n'aimait pas déroger à ce rite.

Je le suivis jusqu'au collège, tremblant de honte autant que de peur. J'allais être découvert. La pension me pendait à nouveau au nez, je me maudissais. Nous étions dans la salle d'attente du bureau directorial, les portes claquaient, les secrétaires filtraient, le proviseur se faisait attendre. A neuf heures et quart, mon père commença à s'exaspérer. A neuf heures trente, il se leva, la rage aux joues, et prononça une phrase, gravée à tout jamais dans ma mémoire : « L'heure, c'est l'heure, avant l'heure ce n'est pas l'heure, après l'heure ce n'est plus l'heure. Vous direz à ce monsieur qu'il y a des limites à la goujaterie. » L'affaire en resta là. J'étais sauvé. Sauvé, mais sauvé de quoi ? Ma fuite en avant se faisait de plus en plus dispendieuse. Je m'acharnais dans des petits boulots style collages de timbres, ou rédactions d'enveloppes. Des boulots de prisonniers : elle était belle ma liberté ! Etudes à la dérive, mensonges en eaux troubles, je coulais inexorablement.

Le résultat ne pouvait être autre, je fus collé sans indulgence à mon bac. Mon père, qui restait sur mes appréciations scolaires élogieuses, en déduisit que j'avais paniqué. Je devais manquer d'aplomb en public. Il me fit donner quelques cours d'affirmation personnelle, sûr que la session d'octobre me couronnerait.

Désarçonné par une année qui n'avait duré que six mois et par mon oisiveté forcenée devenue mon occupation quotidienne, je ne franchis pas mieux ce deuxième obstacle.

L'année recommença. Cette fois, je réintégrai le lycée mais sans arriver à perdre tous mes mauvais penchants. Je traînais à la sortie des cours, saisissant le moindre coup de froid pour sécher, et je restais un assidu des salles obscures. De plus en plus au dernier rang, les yeux non plus dans ceux de Marilyn, mais de ma conquête du moment.

Je fus reçu à mon écrit, en bon redoublant c'était la moindre des choses. Mais je réussis à me faire une nouvelle fois étendre à l'oral. Ce n'est qu'en septembre que je décrochai, sur le fil, la timbale grâce à la peur du mitron qu'avait su déclencher Aimé. Mon père n'en paniqua pas moins pour mon avenir et chargea ma mère de me faire expertiser à Paris.

Ma mère était douce comme une caresse de soleil catalan, elle me prit à part pour m'annoncer avec ménagement notre voyage. Nous allions rencontrer un grand psychologue d'Etat qui saurait me sonder et m'orienter dans mon choix de carrière. Je ne connaissais pas notre capitale, la découvris seul au bras de Simone. C'était l'extase. Je frétillais de bonheur.

Le rendez-vous eut lieu dans un sombre bureau du Ve arrondissement. Un appartement haussmannien, délabré et malodorant, transformé, sans goût ni frais, en locaux professionnels. Quel lieu lugubre pour décider d'un avenir rayonnant ! Ce n'était donc que ça Paris ? Je pris à tout jamais la rive gauche en grippe. Le ponte était aussi défraîchi que son décor, cheveux gras sur un corps maigre, regard de fouine, élocution de chèvre : les sciences cognitives françaises se présentaient sous leur pire aspect. La séance débuta par un test de Rorschach. J'adorais ces grands papillons noirs qui me poussaient à tous les délires. Hélas, ce n'étaient que les figures libres, elles furent de courte durée. Nous passâmes alors aux figures imposées : le QI.

D'entrée de jeu, je pris l'exercice en horreur. Juger l'intelligence à coups de questions bêtes me terrorisa. Au point d'en être mal à l'aise. Le résultat fut à l'avenant. Ayant achevé ses comptes, le docteur Psy s'adressa, devant moi, à ma mère :

— Votre fils a de la curiosité mais aucune qualité intellectuelle. L'engager plus avant dans des études irait à contre-courant de ses possibilités. Mais il semble agile et persévérant, dirigez-le vers un métier manuel.

Je repensai avec effroi à ma boulangerie de village, j'étais anéanti. A peine étions-nous sur le palier de l'infâme docteur Guillotin qu'elle me souffla à l'oreille :

— Le cancre c'est lui, pas toi, je t'emmène au théâtre.

Je passai ainsi ma première soirée parisienne dans les applaudissements, les pleurs et les rires. Sur scène, Pierre Brasseur en remettait, ma mère le buvait des yeux. Je venais de l'échapper belle, si elle n'avait pas eu cet instinct de survie pour son fils où en serais-je aujourd'hui ? Qu'elle ait écouté le verdict de ce cul serré plutôt que le déclic de son cœur de mère et j'aurais échoué sur une grève qui n'était pas la mienne, naufragé d'une inconscience coupable. Mais qui ne demandait qu'à replonger dans le torrent des bons sentiments. J'entreprendrai d'ailleurs dès l'année suivante des études de pharmacie qui me verront passer sans transition de cancre à major.

Simone, la mamma madone

Le point d'ancrage de ma jeunesse aux quatre vents fut donc ma mère. Et d'abord, son sourire de Joconde énigmatique et pleine de vie, qui la muait en paradoxe fait femme. Elle aimait les enfants et son seul fils par-dessus tout. Née d'unc famille protestante, elle se convertit par amour au catholicisme, mon père, pourtant peu croyant, en ayant fait une condition *sine qua non* d'épousailles. Elle se vengea en pratiquant, sa vie durant, les deux religions. Chaque dimanche, nous partions, main dans la main, pour le temple protestant à quelques pas de la maison. Je participais avec elle à la confession et à la communion collectives, sans bien comprendre leur modernité. L'office achevé, nous nous précipitions vers l'église de la Real pour célébrer la messe dominicale et recevoir le corps du Christ. Cette double communion ne lui a jamais semblé impie. Quand on aime, on ne compte pas, et elle aimait Dieu quelle que soit sa pratique. J'adorais ces dimanches matin où ma mère était tout à moi, je ne lâchais pratiquement jamais sa main. La voir en extase me ravissait, je la trouvais plus belle que toutes les saintes de l'église et la Vierge Marie réunies. Hélas, cette overdose de culte précipitera, plus tard, lors de mon expérience jésuitique, mon reniement des deux religions.

Si l'éducation religieuse de ma mère ne fut pas une réussite immédiate, son éducation humaine se fit là, Simone me donna dès mes premiers pas la double force de la sensibilité et de la gentillesse. Notre société a fait de la dureté et de la méchanceté ses armes de réussite. Quelle erreur ! Peut-on être insensible et heureux, méchant et aimé ? Du plus loin que je me souvienne, je n'ai jamais vu ma mère rudoyer quiconque. Pour le coup de gueule, mon père était là, faisant régner l'ordre et l'exactitude. Il était tout autant qu'elle pétri de douceur mais la mode mâle de l'époque était à la virilité affichée, et plus encore au pays du rugby. Louis jouait donc les pater familias, mi-père la pudeur, mi-père la rigueur. Je le respectais jusqu'à le craindre, je l'aimais jusqu'à le maudire. Je ne compris que plus tard que ce chaud-froid maternel-paternel me donnait l'équilibre affectif que nécessitait mon déséquilibre de provocateur patenté. Il sera mon gilet pare-balles sous la mitraille des coups de grisou, des coups de mou, des coups de bourre qui m'ont toujours assailli. Simone, de son côté, me donna l'affection qui n'exclut pas la formation. J'en veux pour preuve mon premier et dernier rôle au cinéma.

J'avais dix ans lorsque se tourna à Perpignan un film avec Danielle Darrieux et Jacques Dumesnil. Ma ville avait été choisie pour servir de décor à un script à l'eau de rose où le jeune premier affublé d'une moustache à la David Niven jouait les champions de rugby à la Chabal. Le film s'achevait sur sa victoire en coupe de France. Dans un flot populaire, le public envahissait la pelouse derrière celle qui fut DD avant que BB arrive. Un appel à la figuration fut lancé : je m'inscrivis. Le cachet était de cinq francs, je n'avais jamais rêvé posséder une telle somme. Pour la circonstance, ma mère alla m'acheter un ensemble en velours grenat au large col marin dans le dos. Je me prenais pour Mickey Rooney qui avait débuté à cet âge pour devenir l'ami public numéro 1 de sa génération. Mon rôle se bornait à accompagner au plus près la star dans sa course amoureuse. Nous refîmes la scène dix fois. La dernière prise me fut fatale. Je déchirai mon pantalon à un clou dépassant de la barrière. Je revins donc chez moi triomphant, les fesses à l'air et en sang, exhibant mon premier billet de cinq francs.

— Donne-les-moi pour payer la retouche, dit laconiquement ma mère. Quand on travaille on assume soi-même les risques de son métier. La prochaine fois, tu feras plus attention.

De ce jour, je mis un perfectionnisme maladif à l'ouvrage ; je ne l'ai jamais quitté, la pub est à l'image de la guerre : un art simple et tout d'exécution, *dixit* Napoléon.

Je suis, hélas, resté fils unique, ce qui me vaudra de faire cinq enfants. Non que ma mère n'ait eu le désir de me doter d'un frère ou d'une sœur, mais elle craignait d'avoir à nous élever seule. Petit Louis était volage, le mot est d'ailleurs trop faible. Mais les temps étaient ainsi et le couple de mes parents constitué de la sorte. Ils s'aimaient depuis leurs dix-huit ans et vieillirent ensemble. Malgré ses nombreuses cavalcades, mon père n'envisagea jamais le divorce. Etait-ce au motif de la religion ou des convenances ? Je pencherais plutôt pour l'amour, fût-il partagé avec tant d'autres. Il paya cher son libertinage. Une de ses grandes aventures perpignanaises fut avec une jeune fille de vingt ans sa cadette. Très vite, elle défraya la chronique. Elle était belle. Belle à mourir. Elle exigea de mon père de la choisir, il refusa. Elle se tua.

J'imagine le remords de mon père. Quelle douleur à porter – et à porter une vie entière – et le scandale dans cette ville si cancanière, et les pleurs étouffés de ma mère. N'imaginez pas pour autant un père sans scrupule, assoiffé de plaisir, méprisant la morale. Petit Louis était bon, généreux et juste. Il passa sa vie à sauver celle des autres. La risquant à tout moment lorsque, pendant la guerre, médecin de la Résistance, il hébergea, soigna et sauva des familles juives entières en leur faisant franchir la frontière pyrénéenne. Et, cependant, il fit souffrir la femme qu'il aimait le plus, et que j'ai aimée le plus. Mais loin de moi d'être de ces fils qui jugent leurs parents, comment le pourrais-je ? Malgré ses écarts il fut meilleur père que je ne le serai jamais.

Le téléphone n'a ni pudeur ni sentiment. Il sonne de la même petite musique d'ascenseur pour annoncer une bonne ou une mauvaise nouvelle. Huit heures, j'arrivais à mon bureau pour décrocher. Au premier timbre, je ne reconnus pas sa voix, mais lorsqu'il me dit son prénom, je me souvins d'un coup, nous avions fait nos études montpelliérennes ensemble, lui en médecine, moi en pharmacie. Il avait ce ton lent et mesuré des chirurgiens sortant du bloc après une opération difficile. Une voix d'outre-tombe.

— Ta mère a été transportée à l'hôpital dans la nuit : hémorragie grave de l'artère fémorale. Elle avait perdu beaucoup de sang. J'ai réparé comme j'ai pu, mais bien tard. Je suis inquiet.

Je me précipitai à Orly. Une heure plus tard, s'envolait un avion pour Perpignan. Je pensai à Simone. Je vis défiler mes souvenirs d'enfance, du lit-cage aux rêves de liberté, de la première gifle à ma première 2 CV. Un rêve éveillé. Je connaissais la force de ma mère, elle allait s'en sortir. Une quinzaine de minutes avant l'atterrissage, l'hôtesse me secoua d'un laconique : « Le commandant de bord vous prie d'aller le retrouver en cabine. » Il me passa ses écouteurs. Je retrouvai la voix de mon ami de fac :

— La situation empire, je t'ai envoyé une voiture qui te prendra à ta descente d'avion. Je t'attends.

Les dernières minutes me parurent ne jamais finir. Je n'en continuais pas moins d'espérer. Simone ne pouvait pas partir si brusquement, sans même prévenir, sans même m'embrasser. Nous avions tant à nous dire, tant à vivre ensemble encore.

J'arrivai dans sa chambre, elle était belle et presque souriante. Les yeux fermés mais la douceur à fleur de peau. Je lui pris la main et commençai à lui parler.

— Maman, je suis là, réveille-toi. Tu vas t'en sortir comme toujours. Je t'aime. Comment te sens-tu ? Réponds-moi.

Il n'y eut pas de réponse si ce n'est celle du ciel. Il me tomba sur la tête.

Petit Louis était en voyage. Personne ne savait où ni avec qui. Je dus multiplier les coups de fil, pour le découvrir à Marrakech. Nous pleurâmes ma mère par téléphone, une scène irréelle et insupportable. La douleur a besoin d'embrassades, je ne serrais qu'un froid morceau de bakélite noir.

Mon père arriva, défait, le lendemain matin. A la peine s'ajoutait le remords de ne pas avoir été là ce jour fatal. Ma mère était seule dans sa chambre. Elle souffrait d'un cancer de la peau qui ne semblait pas la condamner. Que s'est-il produit cette nuit sanglante ? Comment une telle hémorragie s'est-elle déclenchée et pourquoi ne pas m'avoir alerté ? Les noces d'or – Simone et Petit Louis venaient de fêter leurs cinquante ans de mariage – se faisaient noces noires. Quant à moi, j'avais aussi cinquante ans, un trop jeune âge pour perdre la première femme de ma vie. Je retrouvai Paris et sa frénésie en automate. Je jouais mon rôle mais j'étais absent de la scène. Je ne cessais de penser à Simone chaque minute, me sentant plus proche d'elle. Cette communion me servit de deuil express. Je ne pleurai pas. Pourquoi pleurer ? Elle était là, à mes côtés et pour toujours.

Les gens que l'on aime ne meurent pas, ils deviennent simplement invisibles mais plus présents encore que de leur vivant.

Petit Louis, le pacha pêcheur

Mon père, une fois l'an, m'emmenait pêcher au bout du monde. Le rite s'établit dès ma dixième année et ne s'acheva qu'un demi-siècle plus tard, lorsque Petit Louis, victime d'une attaque, n'eut plus la force de voyager. J'ai parcouru à ses côtés, avec ma mère pour seul témoin puis Tristan, mon fils, quand il eut, à son tour, dix ans, cinquante pays différents, de l'Alaska à l'Afghanistan, de la Sibérie au Chili, de l'Argentine à l'Iran, à la découverte de territoires de pêche magiques pour le pêcheur du dimanche que j'étais. Nous allions en avion, puis en voiture ou en hélicoptère, pour finir à cheval, à pied ou en pirogue, au plus extrême des lacs et des rivières du monde, pêcher là où les poissons n'avaient jamais encore vu de leurre ou sur les mers les plus inaccessibles traquer les grosses prises. Nous n'étions pas une famille riche, mais Petit Louis faisait de ses équipées sauvages des vacances de milliardaire. Chauffeur, cuisinier, guide, tente royale, nos camps du bout du monde faisaient figure de camp du Drap d'or.

Ainsi, cette expédition en Patagonie, l'enfer du monde, le paradis du pêcheur. Ici, le soleil n'existe pas, la pluie a pris la place, toute la place. La vie suit un autre cours, inerte et mouillé. Une terre où les seuls habitants sont les truites et les saumons. Au bout, une mer hargneuse effilochant sans répit des côtes acérées. J'avais découvert l'endroit par quelques lignes d'un guide de Jack Hemingway : son père l'avait mené là dans son enfance, partageant peut-être avec lui les mêmes rapports voilés qui m'unissaient au mien. J'imaginais Ernest fuyant son génie et son impuissance, les cannes d'une main, son fils de l'autre. Etait-ce sa façon à lui de communiquer ? Ce nabab de l'écriture était-il, lui aussi, un prolétaire de la parole, incapable de dire « Je t'aime » à son fils ?

J'ai toujours connu mon père ainsi. Surcommunicant avec les autres, incommunicant avec moi. Comment ne pas soupçonner ce viril tendre d'avoir cherché à soustraire ces retours d'affection aux yeux parasites de notre entourage perpignanais ? Je ne me souviens pas d'avoir eu la moindre discussion de fond avec lui, nos pêches de l'impossible étaient également muettes mais d'une communication privilégiée comme si nos fils plongés à la verticale servaient de réseau à nos pensées.

Petit Louis pêchait sérieusement sans se prendre au sérieux. Pêcheur amateur mais comme l'on est amateur d'art, il maîtrisait ses humeurs face à celles des torrents et cultivait son entêtement face à celui des truites. La mer, elle, était un musée qu'il visitait et me faisait visiter. Les carrés bleu nuit étaient de Paul Klee, les flaques de soleil de Mondrian, les côtes heurtées de Chagall, les poissons écarlates de Miró. Dès lors, prendre un sailfish ou un thon devenait une féria gorgée de couleur et de sensualité.

Pêcher pour mon père était comme une escapade amoureuse. Je l'ai toujours vu s'équiper pour nos expéditions solitaires comme si nous allions en goguette. Nous nous bardions de nostalgie et de kaki : casquette de G.I., chèche de légionnaire, battle-dress de para et bottes de commando. Un styliste de Hollywood ne ferait pas mieux.

— Sois beau, mon fils, me lança-t-il un matin où je m'emmitouflais pour affronter l'Alaska, il faut leur plaire à ces petites bêtes, sinon pourquoi veux-tu qu'elles nous suivent ?

Le jeu de l'amour et du hasard choisit ses partenaires. D'ailleurs, la pêche de Petit Louis ressemblait à une danse nuptiale. Malgré son âge, il pouvait passer des jours sans fin, recroquevillé sur son siège, le torse nu, sous la morsure du soleil des tropiques. Le guet parfois durait des heures, tout le monde capitulait, Petit Louis jamais. Aussi, la touche ne le surprenait-elle pas. Et le ballet commençait sur un concerto pour cuivre et fil de nylon dont il était le soliste virtuose. Alors venait l'instant de la prise, et aussitôt Petit Louis, écolo avant l'heure, exigeait que nous la remettions à l'eau.

L'éducation fait fausse route. Nos parents ne sont ni nos maîtres d'école, ni nos maîtres à penser. Mais nos maîtres à vivre. Très tôt, ma mère, Latine à fleur de sens, mystique à fleur d'esprit, m'a enseigné que les vagues servaient à divaguer. Ma première odeur marine s'exhale des calanques de Collioure. Mer bleue, sable blanc, roche noire. Couleurs et souvenirs élémentaires mais essentiels, de ceux qui s'enracinent dans le jardin de notre enfance et arriment notre avenir. Depuis, ma vie s'est appliquée à colporter les leçons de choses de ma jeunesse. Mes pubs ont toujours été bleu, blanc, noir : je crois plus en la force primaire de la nature qu'aux savants camaïeux de la sophistication. Professeurs : ma mère et la mer. La Méditerranée, je l'ai apprise à travers elle, à plein nez, à pleins yeux, à pleines mains, à force de colliers d'algues tressées ou de coquillages enlacés. Parure marine qui me transformait en Tahitien de Canet-Plage ou en Hawaiien d'Argelès-sur-Mer. Premier plongeon dans les vagues de l'imaginaire, déjà. L'écume me racontait, en harmonie avec les déclarations maternelles, les contes de Rudyard Kipling. L'enfant de Perpignan se muait en fils de la jungle. La baignade était une nage vers des atlantides aux chants de sirène. Au rythme de cette imagination congénitale, je creusais la plage de routes himalayennes en pistes sahariennes, jusqu'à ne plus sentir mes doigts. Les tours des châteaux de sable prenaient des airs de forteresses yéménites ou de remparts mongols. L'eau et le sable furent le tableau noir et la craie de mon atlas personnel. Je n'en feuilletterai plus d'autres.

Je n'ai jamais reçu de leçons de morale de mon père, simplement des leçons de pêche qui furent autant de leçons de communication. Ma mère, elle, m'a inculqué le goût de l'imaginaire jusqu'à en faire une pratique. Comment n'aurais-je pas fini dans la pub ?

De cette adolescence enfuie trop vite, même si je ne cesserai de la prolonger, il me reste, au-dessus de tout, ce jour inoubliable du premier baiser volé. J'eus la chance d'éviter la tradition catalane d'« aller aux putes » pour ses seize ans. L'amour par facilité n'a jamais été ma tasse de thé. J'ai tenu, dès ma première conquête, à séduire, c'est aussi le sens premier de mon métier. Tout publicitaire n'est-il pas le Casanova de la ménagère de moins de cinquante ans ? Je n'avais rien du jeune premier catalan, aux épaules de rugbyman, à l'accent rocailleux de sarment de vigne, aux manières macho, au vocabulaire effronté. Plutôt demi-portion, plutôt gentil, plutôt tendre, je n'étais pas dans les normes du *latin lover*. Mais j'y mettais tant d'ardeur. La chose se passa dans le lit de la mère de Jean-Claude, mon ami d'enfance. C'est curieusement le seul détail dont je me souvienne, tout le reste s'est envolé. Ma vraie première nuit, celle que jamais l'on oublie, même s'il y en eut bien d'autres entre-temps, vint plus tard, lors de mes débuts d'étudiant, à dix-neuf ans. Elle était sétoise, aimait Brassens et la nature. Je lui fis une cour assidue, elle me fit une moue assidue. En désespoir de cause, je l'invitai à un pique-nique sur les rives du Lez. On aurait dit celles de la Volga tant le froid était sibérien. J'avais déployé une couverture sur le bord de la rivière. Plus je lui déclarais ma flamme, plus je grelottais.

— Si tu me veux, prouve-le, me lança-t-elle. Plonge nu dans cette eau glacée et je serai à toi.

Je me déshabillai et m'exécutai. Le terme est exact, je crus à une exécution. L'eau était si froide qu'elle me brûlait vif. Je poussai un cri d'horreur et me retournai. Ma belle riait, elle avait ramassé mes vêtements et s'enfuyait, me laissant seul, nu comme un ver au milieu des glaçons. Je pestais. Je courus en état d'apesanteur jusqu'à une guinguette qui bordait la route à un kilomètre, le patron, en pouffant, m'offrit un vieux jean et un pull. J'appelai un taxi et retrouvai ma chambre d'étudiant, honteux et frigorifié. Je poussai la porte. Dans mon lit, m'attendait ma Sétoise. Nue à son tour.

Ce fut mon vrai dépucelage, il me donna des ailes. En ce domaine comme dans les autres, ma frénésie ne tarda pas à me jouer des tours. Ainsi, dès mes dix-sept ans, je fus convoqué à la police avec mon père pour une plainte déposée par notre voisin. Il m'accusait de m'être introduit par effraction dans le lit de sa femme enceinte pour la violer. J'eus du mal à faire partager ma vérité. J'avais reçu en récompense de mon premier bac, si durement obtenu, le droit de loger dans une chambre de bonne au dernier étage de la maison. Je pouvais ainsi faire le mur par les toits, en passant par le vasistas de l'escalier de l'immeuble mitoyen. La veille, j'avais rendez-vous avec ma fiancée du moment. Je trouvai mon escalier de secours fermé et me glissai par une lucarne, un toit plus loin. Je fus pris de stupeur en tombant effectivement au milieu du lit conjugal ; je m'échappai à toutes jambes, prenant de court le mari qui n'eut aucune peine à me reconnaître.

Petit Louis était mal placé pour me reprocher d'être le digne fils de son père. Je m'en tirai avec deux gifles magistrales et un sourire en coin du brigadier. J'avais eu chaud.

Quelques mois passèrent avant que je ne provoque une nouvelle infraction qui, elle, aurait pu changer le cours de mon adolescence. J'y repense, aujourd'hui encore, avec terreur. Nous étions quatre bons petits diables, Jean-Claude Baudot, Philippe de Zerbi, Guy Perrier et moi, qui tuions l'ennui de nos nuits dans des farces de carabins. Nous décidâmes, ce soir-là, de déplacer les voitures d'une rue dans un parking, deux cents mètres plus loin, pour le seul plaisir d'imaginer la tête des riverains au réveil. La majorité de nos prises n'étaient même pas fermées à clef, heureux temps épargné par la petite criminalité urbaine. Nous les poussâmes sans encombre jusqu'à ce que nous tombions sur un cabriolet cadenassé. Seule issue : nous glisser par le coffre pour débrancher le frein à main. J'étais à la manœuvre lorsque je me sentis tiré par les pieds. Ciel, la maréchaussée !

Je fus, sur-le-champ, conduit au poste. Mon angoisse ne provenait pas de l'accusation de déplacement de voitures mais de l'imbécillité que j'avais commise, en glissant dans ma poche arrière un revolver 6.35 découvert dans un des tiroirs de la chambre de mes parents. Je venais d'être pris en flagrant délit de vol de voiture à main armée. J'imaginais le scandale, la prison, la vie brisée, ma mère dévastée, mon père déshonoré.

Les deux gardiens de la paix nous conduisirent devant l'officier de garde. Je déclinai mon identité, la voix blanche, attendant la fouille qui allait inévitablement suivre. En entendant mon nom, le commissaire me dévisagea, le temps de ces secondes qui vous paraissent des siècles, et me lança :

— Etes-vous le fils du docteur Séguéla ?

Mon oui ne fit qu'ajouter à ma honte.

— Eh bien, vous avez de la chance : votre père, voici un an, m'a sauvé la vie. Je ne peux imaginer son fils en voleur à la tire. Rentrez chez vous et ne recommencez pas vos plaisanteries qui n'en sont pas.

Je jouais ainsi les *Vitelloni* dans l'une des villes les plus italiennes de France. La proximité de Perpignan avec la frontière espagnole laisse croire qu'elle est une colonie catalane. Tant s'en faut : elle est la petite sœur de Naples. Le linge sèche à la fenêtre, le cœur est au balcon, la couleur dans la rue. C'est la ville du laisser-aller et du laisser-vivre, la ville des amours interdites et de la poésie autorisée. Dalí en a fait son centre du monde, Picasso, la cache secrète de sa passion, Charles Trenet, le terrain de jeux de son enfance. J'ai, pour ma part, emprunté à la ville de mon adolescence ses extravagances comme j'ai volé à mon père son culte de l'étranger et à ma mère celui de l'étrange.

Pour mes vingt et un ans, âge de la majorité à cette époque, j'eus une nouvelle et dernière fois maille à partir avec les armes à feu. La faute était cette fois indéniable. Corps du délit : celui, doré à croquer, d'une femme mariée de la ville.

Perpignan, en ces années d'après-guerre, était une ville où le plaisir menait la danse d'une bourgeoisie renaissante. L'amour y était un jeu auquel chacun se prêtait. Il y avait pléthore de fils à papa dans ce jardin de la France où les primeurs le disputaient aux vins et le commerce avec l'Espagne à celui de l'Algérie encore française. Ils prenaient épouse vers trente ans, n'ayant qu'à piocher dans le lot des jolies héritières d'un pays réputé pour la beauté de ses femmes qui n'a d'égale que celle des couchers de soleil : dorée, voluptueuse, rayonnante. Les cinq premières années et les deux aînés des enfants passés, le mari cherchait maîtresse, la femme restant seule au logis. Pas très longtemps : la coutume pour elle était de choisir, dans la jeunesse dorée de la ville, un heureux élu de dix ans son cadet, afin de lui apprendre la chose. Ce n'était ni vicieux, ni scandaleux : une carte du tendre en forme de carte des sens, pour vous ouvrir les portes de la sexualité et vous préparer à une vie de « dernier amant romantique ». J'eus la chance d'être l'une des recrues de cette éducation sentimentale à la catalane. D'ordinaire, l'escapade s'achevait au bout de quelque cinq à sept éducateurs, et la victime, devenue coupable, revenait à ses occupations conjugales, vengée des frasques de son époux. Dans mon cas, la liaison s'établit au point de défrayer la chronique.

Le roi de ma dame de cœur, même s'il fut le dernier averti, n'échappa pas à la rumeur. J'étais dans ma garçonnière d'étudiant, dans les bras non autorisés. On frappa à la porte, je crus à la venue d'un copain. C'était le mari ! J'étais à demi nu, aveu fatal. J'entendis un bruit sec et sentis une brûlure sur le côté. L'éconduit venait de me tirer dessus. Par bonheur, il tremblait autant que moi au point qu'à deux mètres à peine il ne fit que m'érafler. A moins qu'il n'ait voulu me donner la peur que je méritais, sans s'exposer aux poursuites.

La dame rentra chez elle avec qui de droit, non sans avoir soigné ma légère blessure. Assez mal d'ailleurs : j'en ai encore la cicatrice sur le côté. Il n'y eut pas de drame. Dans mon pays, béni des dieux, du vin et de l'amour, tout cela n'était que marivaudage de maris volages.

Mon maître en la matière fut mon maître de stage. Ayant, en quatre années, décroché ce satané baccalauréat que 80 % des Français obtiennent en deux ans, je m'engageai dans des études de pharmacie. Mon père avait décidé que je n'étais pas digne de la médecine mais plus apte à un métier, certes noble puisque de santé, mais permettant de faire travailler les autres.

Les études duraient sept ans et débutaient sur le terrain, et non sur les bancs d'un amphi, par douze mois de stage. Je découvris ainsi en live l'écoute et le soin des autres. Attentif à la moindre plaie, réceptacle de tous les pleurs, le pharmacien de province était, à cette époque, autant le médecin de vos soucis que l'apothicaire de vos dépenses.

L'officine était à la limite du quartier gitan : mi-bobo, mi-prolo, mi-premiers soins, mi-soin de l'âme. Son propriétaire, Jo Deloncle, beau comme un Christ et charmeur comme Satan, pratiquait son métier à l'ancienne, préparant lui-même ses cachets, ses potions, ses onguents, qu'on venait chercher du fin fond du département. Il avait fait de son métier une philosophie. Partant du principe qu'un malade sur deux ne l'était pas, il avait le don de donner de l'espoir. Cet espoir qui fait vivre. Protecteur des plus pauvres, qu'il soignait bénévolement, il tenait la pharmacie du bon Dieu. Défenseur des démunis, il était, plus encore, celui de la culture catalane. Il pratiquait cette langue avec cette pointe d'ail que l'accent donne aux phrases, il la chantait plus qu'il ne la parlait. Il investissait tous ses profits dans la réhabilitation des livres, des chansons, des danses de ses ancêtres. Il n'en faisait pas, à la corse, une guerre d'indépendance mais la seule volonté de puiser son futur dans ses racines. Bref, il était « le plus beau du quartier ».

C'est à lui que je dois ce saut inattendu de mes années de cancre à mes années de major et cet équilibre entre l'amour des autres et l'amour de la vie. La seule recette de bonheur durable. Je le voyais souvent s'isoler dans son minuscule bureau où il recevait debout, faute de place, ses clients en mal de conseils. Lorsqu'il s'agissait d'une belle patiente, l'entrevue s'éternisait. Je ne pouvais imaginer le pire dans ce réduit de quatre mètres carrés, mais je finis par découvrir le pot aux roses : la bibliothèque était à secret. Secret d'alcôve, bien sûr. Une porte s'ouvrait à la dérobée et donnait sur une chambre de passage. Jo était aussi le praticien des cœurs.

Le mauvais souvenir des mes années de bagne chez les bons pères finit de s'évaporer là. De même ma stupide cavale et les échecs en série qu'elle avait déclenchés. Ce stage dans cette officine des petits malheurs et des grands bonheurs marqua mon retour à la normalité. J'enchaînai cette découverte par ma première année de fac. Elle me fit comprendre que le *gap* entre le premier et le dernier de la classe n'était qu'un peu d'assiduité, quelques semaines de bachotage intensif, et avant tout la volonté d'accepter les règles du jeu.

Ma soif de liberté ne s'était pas éteinte pour autant, étouffée sous le poids d'une responsabilisation soudaine. Je rêvais toujours d'aventure et de jusqu'au-boutisme. Petit Louis allait m'offrir ma « grande évasion ».

En père sévère, mon père avait fait de moi un rebelle. Ce fut son premier cadeau, mais il fit mieux, il sut canaliser cette nécessité d'ailleurs et autrement. L'un des premiers à Perpignan, il passa son brevet de pilote, s'acheta une Trapanelle volante digne de Guynemer et s'envola pour les destinations les plus folles, bouclant le tour de l'Afrique après celui de l'Europe. A chaque retour, *L'Indépendant*, notre gazette locale, en faisait l'info du jour. Il posait, tel Saint-Exupéry, au pied de son aéronef couleur sable du désert. Même crâne rasé, même chèche saharien, même blouson de cuir, il était mon aventurier de l'Arche perdue. Je l'imaginais traversant la toundra sibérienne ou franchissant la forêt équatoriale, luttant avec son seul manche à balai contre les rafales de neige glacée ou les tornades tropicales.

Il chercha à me communiquer sa passion, me prenant à ses côtés dans ses vols, me proposant des leçons de pilotage. Je fus sot, comme on l'est à cet âge, je dis non. Par bravade mais en rêvant de l'imiter un jour. Il dut le deviner, pour me récompenser de ma nouvelle identité de lauréat, il m'offrit une 2 CV, ce mythe libertaire sur quatre roues.

— Va donc avec elle te frotter la cervelle à celle des autres peuples, me dit-il en me jetant les clefs.

D'ordinaire, les pères qui offrent à leur fils leur première voiture se confondent en conseils de prudence. Le mien m'invita à aller défoncer la mienne sur les pistes de tous les risques.

Nous étions fin mai. Je bâtis aussitôt à la hâte, avec mes amis les plus proches, un raid. J'avais été séduit, quelques mois plus tôt, par la traversée des deux Amériques par deux Lyonnais, Cornet et Lochon. Mon livre de chevet était le récit de leurs exploits. Pour changer de continent, nous optâmes pour l'Asie. A la mi-juillet, nous partîmes à trois. Le reste de la bande, qui devait nous accompagner dans une deuxième deux-pattes, renonça. Cela ne nous donna que plus de courage. Jean-Claude était naturellement de l'expédition avec le fils du grand libraire de la ville, Henri Desperet.

Nous fixâmes, comme point de destination, Karachi au Pakistan. Seule notre inculture géographique pouvait être responsable de ce mauvais choix. Karachi était déjà une des villes les plus laides et les plus dangereuses du monde. Et dire que New Delhi ou Agra et son Taj Mahal étaient à la même distance ! Un tel voyage est aujourd'hui une promenade touristique. Il y a un demi-siècle, on nous prenait pour des risque-tout. La vérité était entre les deux : mi-villégiature, mi-aventure.

Ce fut une course en contre. Contre la montre pour ne pas rater notre rentrée scolaire, contre nous-mêmes, pour prendre le leadership de l'expédition, contre l'Indus qui nous emprisonna dans ses inondations et faillit nous garder, contre, enfin, un autocar pakistanais qui faillit stopper net l'odyssée. Chargé de Sikhs et de Pachtouns jusque sur le toit, il nous heurta de tout son poids. Comment lui en vouloir ? Il roulait à gauche, nous, à droite, sans savoir que la conduite dans cet ex-membre de l'Empire britannique avait conservé ses règles de circulation. Je dormais à l'arrière de la voiture, je pris le choc en pleine face, heureusement amorti par mon sac de couchage roulé en boule pour me servir d'oreiller. Plusieurs éclats de verre se logèrent dans mon œil droit. Je perdis connaissance. Et le calvaire commença. Nous étions en plein désert noir du Beloutchistan par 55 °C. J'étais couvert de sang, à demi inconscient. Ce fut le chauffeur du car qui m'arracha à mon siège. Jean-Claude crut que c'était pour me donner les premiers soins. Loin de là : il me prit en otage, lui réclamant deux cents dollars, que nous n'avions pas, pour payer les dommages. Il fallut l'arrivée de la police, une heure plus tard, pour me confier à un taxi réquisitionné pour la circonstance avec ordre de me conduire à l'hôpital de Quetta. Les chaos de la tôle ondulée me réveillèrent. Impossible d'ouvrir l'œil, la douleur était atroce, mais la peur d'être borgne plus encore. Le jeune chirurgien indien qui m'opéra me dit avoir bon espoir, sans engagement. Je restai dix jours dans le noir et l'incertitude. Les dix jours les plus longs de mon existence.

III

La terre en rond

(Rencontre avec l'aventure)

Juillet 1940, j'ai six ans, la France vit l'exode et Perpignan ses derniers mois de liberté. Fils de toubib mais en bordure du quartier gitan de la ville, j'étais la tête de Turc des manouches en herbe, toujours prêts à la confrontation. Et soudain, au milieu de ces têtes brunes s'avança une tête blonde qui me lança : « Dis, toi, veux-tu être mon ami ? »

Amitié, est-ce le mot qui convient ? Curieuse langue française encombrée de milliers de synonymes inutiles et ne disposant pas de gradation pour les vrais sentiments. On aime une femme de sa vie avec le même verbe que l'on aime le chocolat. Pis : si l'expression s'applique à un ami, elle prend aussitôt des relents homosexuels. Entre les mots amitié et amour, rien : un no man's land où errent nos sentiments comme des âmes en peine.

Jean-Claude est plus que mon meilleur ami, c'est mon premier ami. Il est mon contraire. Il a su, dans l'adolescence débridée que nous avons partagée, me remettre sans cesse à ma juste place, rabaissant ma superbe, annihilant mes fausses croyances, ridiculisant ma suffisance. Normal : c'est un esprit inversé. Il bat en brèche les idées reçues avec la force de mettre en pratique ses contre-pensées. Il a ce calme dévastateur qui fait bouger les choses et les idées. Un mètre cinquante-huit, l'œil angélique et le front grave. Il s'était baptisé lui-même avant notre départ « le plus petit explorateur du monde ». Double aveu de son besoin d'être reconnu et de son application à ne pas l'être. Il sera, dans cette translation planétaire, mon équilibre. Et une révélation pour moi, le fils unique : la force de la fratrie. Jean-Claude sera le frère que je n'ai pas eu. Cette force, nous allons la mettre à l'épreuve dans ce voyage au bout de nous-mêmes. Existe-t-il expérience plus redoutable pour s'éprouver que de passer dix-huit mois serrés côte à côte dans une boîte de sardines en forme de 2 CV ?

Ce sera le tournant de notre vie. Un tournant de 120 000 kilomètres, 40 000 litres d'essence, 2 247 heures de volant, 350 nuits de belle étoile, 50 pays, 9 vaccins, 8 déserts et 2 chevaux. Un inventaire qui tient plus de Tintin que de Prévert. Je reste émerveillé que nul avant nous n'ait eu l'idée de ce premier tour du monde en 2 CV. D'autant qu'être le premier vous donne un droit d'aînesse. Il n'est de semaine, aujourd'hui encore, que cette aventure ne booste mon train-train quotidien.

Dans les années cinquante nul ne croyait possible ce qui est devenu une routine de routard. Le macadam n'avait pas envahi les pistes de la planète. Hantées par les rebelles de tous bords, rançonnées par les pirates de tout genre, bloquées par les tracasseries frontalières, elles étaient encore vierges de tout globe-trotteur, les barrières des langues restant plus infranchissables encore que les barrières douanières. L'anglais n'étant pas devenu l'espéranto planétaire du tourisme, le voyage se faisait, pour une bonne moitié, par onomatopées. Qu'importe, il existe un langage des signes naturels qui vous donne l'essentiel pour survivre.

L'annonce de notre départ glaça bon nombre de nos interlocuteurs. Les intimes nous traitèrent d'inconscients, les extrémistes de suicidaires. Pas Petit Louis, ni Simone. Ultime passe-droit de mes « années-major », le doyen Giroux de la faculté de Montpellier m'accorda de faire ma thèse sur l'étude des marchés des plantes médicinales autour du globe. Il y a décidément tout à gagner à jouer les élèves modèles.

— Puisque ton aventure est le support de ton doctorat, me dit mon père, je te verserai pour les deux années qui viennent ta pension d'étudiant.

Bingo ! Sans ce pécule, uni à celui alloué par ses parents à Jean-Claude, le projet eût été impossible. Une fois de plus, Petit Louis m'ouvrait la porte de mes rêves, Simone ne fut pas en reste :

— Il te faut une 2 CV neuve, me dit-elle, vends la tienne, je t'offrirai la différence.

Qui peut se vanter d'avoir eu meilleurs parents que les miens. Bien que père heureux de cinq enfants heureux, je ne sais rien de l'éducation. Les traités sur le sujet me rebutent, même Dolto me donne la chair de poule. Je me sens indigne de ma fonction, minable dans mon rôle, exécrable dans mes coups de gueule venant toujours mal à propos, coupable dans mes coups de cœur, toujours injuste. Bref, avec mes gosses je fais de la brasse coulée. Pour reprendre pied, j'essaie de me remémorer ce qui a structuré mon enfance. Je ne me rappelle que deux ou trois actes fondateurs : Petit Louis prenant ma défense imméritée devant mon faux curé vrai facho (je vois encore, avec honte et délectation, ma fourchette se plantant dans ses fesses), et, bien sûr, la réplique de Simone à propos du psy de service qui voulait m'envoyer à l'usine : « Le débile des deux, c'est lui ! »

Pourquoi, avec Jean-Claude, sommes-nous partis ? Parce que tous les pays se touchent, dès lors pourquoi ne pas en faire le tour ? Pour voir autrement, pour changer d'ici, pour prendre l'air d'ailleurs. Parce que nous avions envie de villes plus neuves que les nôtres et de cités plus vieilles que l'histoire. Et ce besoin de rouler sur des routes sans fin, traverser des déserts vastes comme des mers, des fleuves immenses comme des lacs en marche. Et le désir de se frotter la cervelle à celle des autres, les voyages ne valant que par les rencontres qu'on y fait. Reste que la raison inavouée fut de tuer mon père. L'hérédité n'a qu'un défaut, il faut l'assassiner pour réussir sa naissance. Je voulais battre Petit Louis sur son propre terrain de jeu des grands raids aériens : je bouclerais la boucle qu'il avait limitée à l'Europe et à l'Afrique et, du coup, me libérerais de mes complexes. Petit Louis, à sa façon, n'en laissa rien paraître, mais je compris plus tard qu'il espérait de tout cœur cet affranchissement. Notre cordon ombilical, c'est lui qui rêvait de le couper ainsi. L'éducation, il connaissait.

L'exploit, qui n'en était pas un, l'était pour les médias et leurs lecteurs, très peu pour nous. Notre raid Perpignan-Karachi nous avait aguerris et, plus encore, rassurés. Le plus à craindre était l'accident, mais n'en est-il pas de même au coin de la rue ? Restaient les colères de la nature, inondations, neige, éboulements et autres intempéries. A nous de les contourner. Avec Jean-Claude, plus sudiste que moi encore (même s'il est né dans la Meuse : une erreur d'état civil), nous organisâmes notre itinéraire pour ne jamais quitter l'été. Fans du ClubMed, pas du club des explorateurs, amateurs dans le sens hédoniste du terme ! Je n'arrive pas à croire que nous ayons traversé les huit plus grands déserts du monde, une boussole en guise de GPS, une fusée de détresse pour seul téléphone et, pour toute assistance, le dictionnaire de réparation de la 2 CV que Citroën nous avait offert en réponse à notre demande d'un prêt de voiture. « Notre société, nous avait-on écrit, n'est pas la Fondation de la vocation. Achetez un de nos modèles et roulez en paix. Nous serions ravis de vous recevoir à votre retour. » Le cadeau n'en était pas moins de circonstance même s'il ne nous fut pas d'une grande utilité. Nous ne savions ni l'un ni l'autre réparer la moindre panne. Tout juste changer un pneu. Mine de rien, c'était la compétence la plus nécessaire : nous crevâmes plus de deux cents fois.

Notre nullité mécanique se manifesta d'ailleurs avant même le départ. Dans notre chasse aux sponsors, nous écrivîmes à toutes les maisons d'accessoires et d'équipements automobiles. Un grand fabricant de joints de culasse nous signifia par retour : « Messieurs, je frémis en constatant qu'à quelques jours de votre départ, vous ne savez pas encore que votre modèle n'a pas de joint de culasse. De deux choses l'une, ou vous êtes inconscients ou vous êtes des escrocs. »

L'avenir ne sourit pas qu'aux audacieux. En imbéciles heureux, nous allions vivre cette aventure sous le double signe de la désinvolture et de la chance. Elles furent nos deux ceintures de sécurité, équipement inconnu à l'époque, merci Seigneur ! Imaginez notre équipée, ligotés deux ans durant sur nos sièges.

Ce voyage ne fut d'ailleurs qu'une insulte aux rites établis. Les voyageurs au long cours sont des voyeurs qui aiment prendre leur temps. A peine partis nous ne songeâmes qu'à l'instant du retour. Notre course contre le soleil fut une course contre la montre. Notre seul souci, en arrivant dans une capitale, n'était pas de visiter ses chefs-d'œuvre, mais de trouver un job qui nous procure l'argent nécessaire pour la quitter au plus vite. Notre but n'était pas le monde mais d'en faire le tour.

Comment résumer en dix pages 120 000 kilomètres d'inattendu ? Je m'en remets à ces cinq rencontres des quatre coins du globe qui m'habitent encore. La sixième sera Jean-Claude. On ne partage pas chaque minute d'une telle aventure sans tout connaître de l'autre. Ce fut ma plus belle découverte. Normal : Jean-Claude Baudot est tout ce que je ne suis pas. Et que j'aime.

Albert et Samir, les chevaliers des sables

Premier choc : le Sahara, ce prince des déserts, hautain, immarcescible, inaltérable. En début de traversée, à la sortie de Tamanrasset vers Agadez, nous eûmes le sentiment de rouler sur notre sable perpignanais de Canet-Plage. Nous chantonnions la sardane. Pauvres de nous ! Très vite obligés de louvoyer entre les immenses plaques de fesh-fesh, la piste nous échappa. Seul point de repère, un rail planté tous les dix kilomètres qu'il ne fallait jamais perdre de (longue) vue sans risquer de se noyer à jamais dans cette immensité de sable blanc, couleur linceul. Et surtout, il faisait soif : 45 °C dans la 2 CV, 65 °C au soleil. Obligation de boire toutes les heures et de rationner notre provision d'eau, notre provision de vie. Ayant mal estimé nos besoins, nous fûmes assez vite en cote d'alerte.

Le Dieu des innocents veillait sur nous. Dans l'absolu de l'infini, surgit un campement de Touaregs. Emerveillés par notre « deux chameaux », ils nous offrirent l'eau, le gîte et le couvert. Les femmes voilées servaient, les hommes parlaient, s'interdisant tout travail manuel. Ils se racontaient d'interminables chansons de geste inspirées des *Fables* de La Fontaine. Simplement la gazelle y remplaçait le lièvre, et le scarabée la fourmi. Le temps n'existait plus. Etions-nous au Moyen Age ou sur Altaïr, la planète de *L'Odyssée de l'espace* ?

Le lendemain fut le grand soir, un méchoui suivi du spectacle le plus frappant, au sens propre et au sens figuré, de notre existence. Les agapes achevées laissèrent la vedette à un duel, façon primitive et expéditive de régler chez ces nomades tout différend. Deux jeunes soupirants se disputaient le même amour.

Albert et Samir, c'étaient leurs noms, se livrèrent sous nos yeux exorbités à un combat sans armures à coups de tacoubas, ce glaive digne des croisés que portent à la ceinture les Touaregs. Les lames se croisèrent, s'entrechoquèrent. Un éclair... et un poignet pendit, coupé net. Le blessé se jeta de plus belle sur l'adversaire, son bras mutilé flottant sur le côté. Il parvint même à le toucher à l'épaule. C'était *Kill Bill* version « Saga Africa ». Un nouveau coup du plat de l'épée assomma le téméraire et mit fin au carnage. Nous nous précipitâmes avec Jean-Claude pour proposer que notre 2 CV serve d'ambulance vers le service des urgences le plus proche... à deux cents kilomètres. Nos hôtes nous firent comprendre de ne pas nous inquiéter. Comme pour une corrida, le sang faisait partie du spectacle. Les femmes soigneront les blessures des deux « gladiators » d'une pâte d'herbes broyées. Il n'y aura ni hémorragie ni infection. Deux jours plus tard, les deux protagonistes, déjà sur pied, nous demanderont de les conduire non à l'hôpital mais au poste de police. Le duel étant interdit en France, ils entendaient bien, leur querelle lavée dans le sang, se mettre en règle avec les autorités.

Le voyage dura deux jours à nouveau pétris de leurs contes inventés, et de leurs histoires vécues. Comment oublier celle des six bouteilles ? Ils tombèrent un jour sur un jeune Noir du Niger. Il disait qu'il allait à Alger voir son grand-père, à pied (4 400 kilomètres !), avec, pour tout bagage, six bouteilles d'eau. Ils ne le prirent pas au sérieux. Sept jours plus tard, un camion le trouvait mourant au bord de la piste, ses six bouteilles vides autour de lui à quelques kilomètres d'In Guezzam, le dernier fort militaire du sud du Sahara. Il avait parcouru, à pied et sans vivres, trois cent cinquante kilomètres dans la partie la plus dure, la plus impitoyable du désert. Le sergent du Bordj le soigna, le raisonna, lui expliqua l'inanité de sa longue marche. Deux jours plus tard, l'indomptable était parti avec six nouvelles bouteilles d'eau. Le sergent le rattrapa sur la piste, l'enferma et cassa ses bouteilles. Le jeune Noir, au bout de quelque temps, dit qu'il avait compris, qu'il serait raisonnable, qu'on le laisse sortir. Il attendit alors une semaine et disparut. Six bouteilles manquaient dans la cuisine du Bordj !

On le retrouva vivant à Alger. Tout désert est ainsi, la terre de l'impossible rendu possible.

Naeko et Kasuko, l'amour jaune

La deuxième rencontre sera féminine, l'une des rares de ces deux années de solitude à deux. Enchaînés à notre timing, nous vivions en partance. Comment nouer une relation quelconque ? Seule exception, les traversées maritimes. Sur le cargo qui nous mènera de Cape Town à Rio de Janeiro, nous aurons enfin dix jours de domicile fixe. Le temps et le bonheur de croiser deux Japonaises aussi jolies qu'impénétrables. Chaque nuit étoilée, nous nous asseyions à côté d'elles sur le pont. Nous leur parlions français, elles nous parlaient japonais. Mais le flirt a-t-il besoin de traduction ? Il n'empêche, nos heures de cour languissante ne nous donneront le droit qu'à quelques baisers volés le dernier soir. Nous débarquerons dépités le lendemain à Rio, abandonnant nos belles qui poursuivaient leur voyage jusqu'à São Paulo, quatre cents kilomètres plus bas. Sur la coupée, en guise d'au revoir, elles glisseront deux paquets-cadeaux dans nos sacs. Pour chacun, roulées dans une étoffe de soie, une savonnette, une boîte de baume du tigre (l'aspirine nippone) et une carte postale de leur destination portant au revers leur adresse.

A partir de cet instant nous ne vécûmes plus que pour ces retrouvailles. Le Dieu du désir sut nous faire attendre. Il nous faudra vingt jours et la moitié de nos économies en bakchichs pour dédouaner notre voiture et reprendre la route.

Direction l'amour. L'adresse nous mena dans le quartier japonais de la métropole. C'était le pressing familial. Pressing, le mot est juste : ils étaient vingt-cinq compressés dans le même espace, père, mère, frères, sœurs, cousins, cousines, s'affairant en cadence dans un sourire collectif. Tout le linge de la ville devait se blanchir ici. Le père nous offrit aussitôt l'hospitalité dans la seule pièce qui lui restait, sa cave. En toute hypocrisie, nous lui proposâmes, pour le remercier, d'inviter ses filles à dîner. Nous choisîmes un restaurant à notre portée. Bien nous en prit. Au moment de découvrir la carte, rédigée naturellement en portugais, nous comprîmes que nos Japonaises ne le pratiquaient pas mieux que le français. Lisant la liste des plats nous guettions leur envie. A chaque phrase, la réponse était inévitablement oui. Impassible, le garçon prenait commande.

Impatients, nous comptions mentalement les cruzeiros qui nous restaient. L'arrivée des plats nous laissa sans sou et sans voix. Naeko et Kazuko ne toucheront à rien. Nous aurons la réponse six mois plus tard à Tokyo : une Japonaise ne contrarie jamais un homme et répond oui à toutes ses questions, fût-ce dans un restaurant où elle n'aime rien de ce qu'on lui propose.

Nous restâmes cinq jours. Cinq nuits d'extase pour être plus précis. Cinq nuits en deux ans, ce n'étaient pas les *Mémoires* de Casanova et son changement de femme à chaque halte qui nous avaient fait fantasmer avant le départ. Nos ébats n'échappèrent pas au papa, il nous somma d'épouser ses filles. Devant notre refus embrouillé, il enchaîna, en représailles, notre 2 CV à la grille de sa devanture. Que faire ? D'autant que toute la famille s'unissait soudain contre les *latin lovers*. Nous filâmes doux, plus exactement nous lavâmes doux, donnant un coup de main à la blanchisserie. Le soir venu, plus d'extase, le patriarche avait aussi cadenassé ses filles. Il était temps de prendre la fuite. L'évasion se fera dans la nuit en dévissant, sans le moindre bruit, notre pare-chocs qui restera seul prisonnier de nos geôliers. Nous roulerons ainsi jusqu'au Chili, notre 2 CV amputée, nos cœurs aussi, les globe-trotteurs sont les marins des terres, ils sèment leurs amours aux quatre vents, sans l'espoir de les récolter un jour.

Pedro, le saint Christophe des Andes

De l'Argentine, nous avons franchi la cordillère des Andes, vers notre troisième rencontre, hissant notre voiture plus qu'elle ne nous a hissés. A cette altitude, près de quatre mille mètres, la piste n'était qu'une traînée de terre rouge qui battait de loin les plus mauvaises pistes africaines. Seul moyen : débarquer toute la charge de la voiture, portes, ailes, capot, et gagner, mètre par mètre, en marche arrière. Restait à jouer les sherpas en montant les pièces détachées sur notre dos. Nous mettrons trois jours pour avaler les trente derniers kilomètres. Objectif : Santiago du Chili puis la Panamerican Highway, ondulant de la Terre de feu à l'Alaska. Aujourd'hui, en presque totalité goudronnée, elle était hier cinq mille kilomètres de la pire tôle ondulée se perdant dans les méandres du désert de l'Atacama, le désert le plus étroit et le plus long du monde. Evidemment, avec notre esprit d'à-propos, nous le traversions en longueur. Enserré entre les Andes et le Pacifique, boursouflé par de perpétuels tremblements de terre, ce no man's land se meurt d'érosion, brûlant le jour, glacial la nuit. Si Satan existe, il vit ici. Nous étions en enfer, une piste sans foi ni loi, sans un soupçon de vie, sans un souffle de vent, sans même un vol de mouches. Seuls repères, de loin en loin, les croix des tombes des chercheurs de fortune, seuls vestiges de la dernière ruée vers l'or de l'histoire. La traversée prenait des allures d'apocalypse. La raréfaction de l'oxygène, l'angoisse de la solitude, la violence climatique nous sautaient à la gorge. La nuit était terrifiante, les roches, frémissant encore du soleil du jour, prenaient sous leur halo des formes cabalistiques, tels des mirages de lune. Nous cahotions depuis des heures, lorsque notre moteur émit un horrible bruit de crécelle. Epuisés, nous décidâmes de bivouaquer sur le bord de la route, sans même soulever le capot. Nous n'étions qu'à trois mille mètres d'altitude, mais le froid était himalayen. Nous fîmes un feu, le temps de chauffer deux pierres plates. Enroulées dans une serviette, elles nous servirent de bouillotte. Nous nous endormîmes à même le sol.

Au matin, stupeur et consternation : plus une goutte d'huile dans la boîte de vitesses. Les cahots de la piste avaient, trou après trou, dévissé le bouchon de vidange du carter. Comble d'inconscience, nous n'avions plus d'huile de réserve. Le passage d'un camion pouvait se faire attendre deux à trois jours. Nous rationnâmes l'eau et les vivres. Il n'y avait pas de réel danger mais ce lieu fantasmagorique digne d'*Alien* nous glaçait le sang.

Vers midi un frôlement nous réveilla en sursaut. Un Inca, sans âge, presque noir, emmitouflé dans un poncho décoloré par le vent et le temps, regardait ahuri la 2 CV. Il était seul, un sac de cuir sur une épaule, une gourde de fer sur l'autre. Nous nous levâmes pour lui offrir le thé, ce geste de bienvenue de tous les nomades du monde. Dans notre espagnol imparfait, nous tentâmes de lui expliquer notre panne. Il chercha à comprendre, puis soudain sourit, ouvrit sa besace, en sortit une dizaine de bananes, les éplucha... et les introduisit une à une dans le carter. Nous fîmes, grâce à lui, cent kilomètres à l'huile de banane jusqu'au garage le plus proche.

Nous comprîmes ce jour-là, avec Jean-Claude, avant que les coups de boutoir de l'existence ne nous l'enseignent, que l'on est toujours le sauvage de quelqu'un. Ce principe d'humilité ne m'a jamais quitté. On m'a souvent traité de mégalo, ce n'est pas mon penchant même si les médias, qui ne se fient qu'aux apparences n'ont cessé de me le reprocher. Mais notre image est ainsi faite de l'écume de nous-même. Nous n'avons pas la réputation de ce que nous sommes mais de ce que nous représentons. Chantre de la pub, comment aurais-je échappé à sa mégalomanie ? J'ai été, je reste le Ségalomane de service.

Eva, la femme blessée

Mon emploi de SDF de luxe était cireur de chaussures. Le seul métier qui ne nécessite qu'une boîte de cirage et un chiffon comme investissement de base. Avec l'effet magique, partagé par les coiffeurs, de lier, sans ambages, la conversation. De là, en racontant notre histoire, à toucher un pourboire de roi, à se faire inviter à déjeuner ou à coucher, il n'y a que quelques coups de brosse à reluire. Mais nous essayâmes, Jean-Claude et moi, de varier les plaisirs en nous frottant à tous ces emplois de fortune qui font la paie de tout routard. Hélas, pour un globe-trotteur ne pratiquant pas la langue du pays qu'il traverse, gagner sa vie est une gageure. Et donc affaire de culot. A San Francisco, nous tombâmes en arrêt devant un restaurant français : *Le charme de Paris*. Nous proposâmes aussitôt au propriétaire de nous engager pour accueillir ses clients dans notre langue maternelle : « Bonjour, monsieur, bonjour, madame. Entrez, nos spécialités vous attendent. Vous allez goûter à la meilleure cuisine du monde : la française. » Mais le patron, en bon Américain, était un homme d'affaires. « Je vous paierai au rendement », proposa-t-il. Il compta ses clients chaque jour. Notre géniale idée ne lui en amena pas un de plus, il nous vira, sans un dollar, dès la première semaine.

Nous fûmes mieux inspirés, plus tard, en abordant l'Asie. S'il est un pays où ne pas parler la langue nationale vous condamne au chômage, c'est bien le Japon. D'où l'idée de proposer à Seibu, les Galeries Lafayette de Tokyo, de mimer, dans sa vitrine centrale, les mannequins automates et muets, notre 2 CV trônant en toile de fond. Cette fois, la foule se pressa au spectacle. Le Français moyen était quasi inconnu au pays du Soleil-Levant. Quant à la voiture, les Japonais étaient persuadés que nous l'avions construite nous-mêmes. Nous jouâmes à guichet fermé pendant dix jours, de quoi financer les deux mois suivants de voyage.

Notre rencontre avec Eva restera le plus touchant des petits boulots que nous fîmes au hasard de nos poches vides.

Après une épuisante traversée des trois Amériques, nous arrivâmes éreintés, épuisés et fauchés dans la ville de tous les fantasmes : L.A. Le soir venu, nous nous endormîmes, à notre habitude, dans nos sacs de couchage, à côté de notre 2 CV, au milieu d'un jardin public de Beverly Hills. Le réveil se fit en fanfare sous les yeux rageurs d'une furie brune, sanglée dans un peignoir de soie rose.

— *What are you doing here ?* Que faites-vous ici ?

Jean-Claude lui définit l'évidence, en en oubliant de parler anglais :

— Mais nous dormions, madame !

Elle est surprise. Sommes-nous français ? Oui, nous le sommes : « Ah ! les Français, *You are the best !* » Merci Charles (Boyer) et Maurice (Chevalier).

On s'explique : la dame est chez elle. Nous ne dormions pas dans un parc public mais dans celui de sa propriété. Elle nous invite pour le breakfast. Puis nous offre de prendre un bain et de nous garder pour le lunch.

Elle avait un visage aigu, et ce regard intense et fixe des vieilles Américaines que la chirurgie esthétique empêche à tout jamais de refermer complètement les paupières. Menue, pour ne pas dire maigre, à une époque où l'anorexie, réservée aux pauvres, était signe d'infériorité chez les riches. Ses gestes étaient d'une grâce mécanique, saccadée et cependant indéniable. Hélas, sa voix sensuelle, lorsqu'elle montait devenait perçante, artificielle. C'est ce timbre haut perché qui l'avait condamnée, lorsque le cinéma était devenu parlant. Elle n'en avait jamais guéri. Autrefois célèbre, elle essayait désespérément de croire et faire croire qu'on ne l'avait pas oubliée. C'était *Sunset Boulevard* en live.

Sa piscine sans eau, sa voiture sans chauffeur, son lit sans homme et sa vie sans avenir, Eva vivait murée dans ses souvenirs. Plus d'amis, c'était plus d'invitations, plus de téléphone, c'était la petite mort. Déjà à l'époque à Beverly Hills, renoncer au téléphone c'était renoncer au monde.

Nous n'eûmes aucun mal à lui offrir nos services d'antisolitude. Jean-Claude prit la fonction de majordome et j'endossai la tenue de chauffeur. En la conduisant dans les rues de L.A., je revivais mes après-midi dans les salles obscures perpignanaises. J'avais tant rêvé de Hollywood sans imaginer que c'était Eva plus souvent qu'Ava, Rita ou Marilyn. Le miroir de ses rêves de jeunesse est une glace sans tain et sans pitié. J'appris ainsi du même coup la fragilité de la gloire et le souci du lendemain, le seul gilet pare-balles face aux tirs croisés de la gloriole et de la grosse tête.

Pirates d'opérette

Restait la plus tragi-comique des leçons initiatiques de ce voyage. De la Thaïlande, nous ne voulions pas ramener l'image éculée de la 2 CV posant devant le grand Bouddha couché, orgueil des temples de Bangkok. Il nous fallait trouver plus insolite. D'où l'idée saugrenue de filmer notre deudeuche franchissant le pont de la rivière Kwaï. Le film faisait fureur en France et dans le monde, nous l'avions découvert dans un cinéma en plein air de Phnom Penh, au Cambodge. L'idée d'en faire un must de notre « expédition » naquit de cette projection à la belle étoile au milieu des cris d'enfants, des gémissements d'amoureux, des bruits sourds de la ville. A y repenser, je meurs de honte. Etre dans le pays des trésors architecturaux bouddhistes, des plages en Technicolor, des plus jolies femmes d'Asie et vouloir s'immortaliser sur un pont d'opérette, qui plus est reconstruit puisqu'il avait sauté dans le film, était bien l'idée la plus inepte de ma carrière où j'en ai pourtant collectionné plus d'une.

Atteindre la rivière qui longe la frontière birmane fut une épopée de boue et de sueurs. Faute de piste, nous chargeâmes notre voiture sur une barcasse très *African Queen*. La remontée dura cinq jours d'attente vaine. En fin de croisière, force sera de constater l'évidence : le fameux pont de la rivière Kwaï n'existait pas. Nous apprîmes plus tard que le tournage s'était déroulé au Sri Lanka à deux mille kilomètres de là.

La punition d'avoir préféré l'art cinématographique à l'art thaï ne se fit pas attendre. Ayant retrouvé la terre ferme, nous fûmes assaillis par une bande de pirates birmans. En guenilles mais en armes, drogués jusqu'aux yeux et d'autant plus dangereux. Ils franchissaient ainsi, de temps à autre, la frontière pour un raid éclair et quelques unes de la presse locale leur forgeaient, intrusion après intrusion, une légende révolutionnaire. Et voici que nous étions les *guest stars* du nouvel épisode.

Ils nous forcèrent à nous déchausser, la technique des Japs pendant la guerre, ôtant à tout prisonnier l'idée même de s'échapper. Je regardai, transi d'effroi, Jean-Claude, imaginant la fin du voyage. Mais il me cria :

— Pas de panique ! S'ils avaient dû nous exécuter, pourquoi pieds nus ?

Ils palabrèrent un temps, puis nous ligotèrent avec des lianes à deux arbres voisins. Leur premier geste avait été de nous arracher nos montres, mais ils ne pilleront pas la voiture, c'est la voiture qu'ils voleront. Nous les vîmes disparaître en la poussant faute d'avoir su la faire démarrer (merci le coupe-batterie !). Où pouvaient-ils aller dans cette jungle en traînant une 2 CV dont ils ne connaissaient même pas l'usage. Le rapt devenait ubuesque. Ubuesque mais angoissant.

La nuit tropicale nous assaillit de son lancinant silence, rompu de temps à autre par les jappements de la forêt. C'est alors qu'est venue la peur. La brutalité de l'action nous avait ôté toute frayeur, nous réalisâmes enfin que nous étions abandonnés à la forêt sans voiture, sans vivres, sans cartes, sans arme. L'orage du matin nous sortira de l'engourdissement et de l'angoisse. La pluie avait détendu nos liens et nous avait rendu la liberté.

Nous nous mîmes en chasse de notre monture, les branches brisées et les traces de pneus nous ouvrant la route. Elle ne sera pas longue. A quatre ou cinq kilomètres de là, les pieds en sang, le corps couvert des cloques des piqûres de fourmis rouges de la nuit, nous découvrîmes notre deudeuche, abandonnée par nos visiteurs du soir. Nous la couvrîmes de baisers. Elle était vidée de nos maigres affaires, nous ne l'avions pas volé. Toute idée stupide mérite châtiment...

Baudot, anticonformiste

L'ultime rencontre de ce voyage au bout de nous-mêmes fut la découverte de Jean-Claude. Baudot est mon envers, d'ailleurs nos vies iront en sens inverse même si cette aventure nous aura définitivement rapprochés. Je courais après mon temps, lui volera hors du temps. Deux existences aux extrêmes, deux bonheurs opposés forgés au même moule de notre aventure et si disparates à l'usage. Je suis la surface, lui le fond. Je suis l'ordre, il est le désordre. Je suis bourgeois, il est bohème (à nous deux, nous formons le parfait couple bobo). Je suis la passion, il est la raison. Je suis l'ambition, il est la sagesse. Je suis service-service, il est liberté, liberté chérie. De notre escapade, il reviendra mature, je resterai un ado attardé. Il sera la patience et la retenue, je me vautrerai dans la provocation. L'outrecuidance sera mon moindre défaut professionnel, virevoltant après mon ombre, m'escrimant à séduire jour et nuit, courant les médias plus encore que les filles. Leçon suprême, il réussira sa vie, sans jamais vouloir réussir dans la vie. Preuve des preuves : il refusera tout emploi. Dégagé des obligations militaires, il se dégagera aussitôt des civiles et pratiquera le bonheur à temps plein sans avoir jamais à demander de congés payés. Sa vie ne sera que grandes vacances où la sérénité et la diversité seront les perpétuelles invitées. Je jouerai les dandys refusant les règles de l'amour, je brûlerai mes ailes aux sunlights des plateaux, je me débattrai dans l'écume des jours jusqu'à risquer de m'y noyer. Il sera yin, yang, zen, mais toujours bien dans ses baskets. En forçat de la pub, j'ai toujours pensé que le travail était ce que l'homme a inventé de mieux pour se distraire. Lui n'a bossé que trente jours de son existence dans l'une des filiales de Publicis, Régie-Presse. L'expérience s'acheva par une longue lettre à Bleustein-Blanchet, son fondateur et par là même le père de la pub française, pour lui expliquer les raisons de son désengagement. J'imagine la tête du pape de la pub à sa lecture : « Merci, monsieur le Président, de m'avoir ouvert les yeux. L'homme n'est pas fait pour le labeur, mais pour la curiosité. Je n'en ai point trouvé ici. Vos directeurs vont de petits déjeuners business en déjeuners d'affaires, de dîners clients en soupers d'annonceurs, comment progresseraient-ils ? Tous ici ne pensent qu'à s'empiffrer au lieu de nourrir l'entreprise. Votre agence n'est pas la grand pub, c'est la grande bouffe. Le couloirisme l'emporte sur le professionnalisme. Chacun veut la place de l'autre et ne connaît qu'une langue, celle de son ambition personnelle. Votre agence, c'est la tour de Babel hantée par Gargantua. »

Baudot est ainsi : extraordinaire de l'ordinaire, avant-gardiste du passé. Hippie après l'heure, baba cool avant l'heure, mélange détonant de look et de souk. Le cheveu rare, mais en catogan, style second rôle de *Kill Bill*. La tenue maoïste mais de luxe pour mieux cultiver jusqu'au bout son art de la provoc. Jean-Claude n'a connu qu'un tailleur qu'il partageait avec François Mitterrand, Michel Schreiber, le réinventeur du col Mao et des poches plaquées mais dans un tissu vaporeux et des couleurs aromatisées que refuse la mode. Chaque centimètre carré de cet homme refuse la banalité au point de sombrer dans l'incongruité. Je l'ai vu arborer sans complexe une chemise rouge sang sous une veste violette de cardinal mormon, le tout chaussé d'espadrilles et surmonté de lunettes vertes. Tout autre aurait fait clown de cirque de village, lui semblait sorti du musée de Dalí, son peintre préféré.

N'allez pas penser que cette marginalité le mettrait à l'abri des regards féminins. Il y a, en sus de Dalí, du Sammy (Davis Junior) dans ce mètre cinquante-huit. A seize ans, il mettait dans son lit, sous nos regards envieux, Miss Canet-Plage. Et lorsqu'il la répudiera quelques années plus tard, pour plus de sex-appeal encore, l'infortunée usera de toutes les armes féminines pour retenir le nain de sa vie. Le fait qu'il mesure vingt centimètres de moins qu'elle ne l'avait jamais gênée. « Je suis sa Sophia Loren, il est mon Carlo Ponti », susurrait-elle. *Small is beautiful*, c'est bien connu.

Je n'oublierai jamais notre arrivée en plein cœur du Grand désert salé en Iran. Nous venions du Pakistan et étions en route pour la Turquie. La traversée de cette mer de pierre noire et de sable gris m'avait tué. Mille kilomètres sans âme qui vive, sans souffle d'air, sans point d'eau. Des jours de fournaise, des nuits de chambre froide. Nous stoppâmes enfin devant un caravansérail. Une grande bâtisse de terre rouge pétrie à la main. L'intérieur n'était qu'un monacal dortoir sur les deux bat-flanc. Seul menu : des œufs, du pain et du thé. Et derrière le tenancier patibulaire, un objet surréaliste en ces lieux, un coffre-fort.

— Tu as vu ? me souffla Jean-Claude.

— Et alors ? répondis-je entre deux bâillements.

— Et alors, s'il y a un coffre, il y a argent, s'il y a argent, c'est que l'on peut faire des affaires.

— Bonsoir, coupai-je.

Je sombrai dans un sommeil sans fond d'une dizaine d'heures. Au réveil, Baudot s'était fait rôtir une poule (s'il y a œufs, il y a poule), servir du vin (s'il y a de la vie, il y a de la joie) et conversait gaiement avec le tenancier. Ne l'avait-il pas convaincu d'ouvrir son coffre qui abritait une liasse de dollars ? Devant leur inutilité en ces lieux, il avait aussitôt troqué, billet contre billet, ses dirhams contre la monnaie verte valant dix fois plus. Le maître des lieux, dans ce trou où le change n'existait pas, avait allégrement accepté. Nous venions de gagner de quoi subsister jusqu'à la Grèce. Chapeau l'artiste !

Et n'imaginez pas que je suis dans l'opulence et lui dans la misère. De pillages de poubelles en ventes aux enchères, d'étals des Puces en arrière-stocks d'usines, Jean-Claude a constitué en vingt ans la première collection de machines à sous du monde, qu'il a revendue à prix d'or à un casino proche de Las Vegas. De quoi vous dégoûter de jouer les employés modèles !

Ainsi chacun de nous a-t-il vu le monde à sa façon : jeune chien fou, dévoré du besoin d'exister, je conclus que la Terre était à qui voulait la prendre. Je n'eus de cesse de la ceinturer d'agences, de la couvrir d'affiches, de la cerner de spots. Jean-Claude avait joui du monde, il ne cessa jamais, remettant en cause ceux qui veulent l'annexer. De ce voyage, j'ai fait de la Terre ma limite, il en a fait une société à indépendance illimitée. Je ne suis pas sûr qu'il soit vraiment descendu de notre 2 CV. Et si Baudot avait raison ?

Soixante-dix ans de vie commune et pas un nuage. Combien de couples peuvent se vanter d'un tel goal-average ? Et pourtant tout aurait pu basculer dès nos dix-huit ans. Jean-Claude, à son habitude, flirtait avec une beauté mate et sensuelle. Des yeux nommés désir, un peau couleur plaisir. Je ne pus résister à la tentation et me mis frénétiquement en piste. La belle n'était pas sectaire, c'est le charme des filles de mon pays. Je m'embarquai pour Vénus.

Jean-Claude n'apprécia pas le voyage et me convoqua sur-le-champ.

— Tu as trente secondes pour choisir, me lança-t-il. Elle ou moi. Quelques nuits ou la vie.

Comment n'aurais-je pas opté pour l'ami ? En amitié, choisir c'est se choisir. Je venais de prendre ma première leçon de fidélité.

IV

De la terre à la une

(Rencontre avec la presse)

Dans un tour de la Terre, le plus beau jour est celui du départ, le pire celui de l'arrivée. Coupé de mon petit monde pour avoir voulu découvrir le grand, j'étais terrorisé par ma réinsertion. Jean-Claude n'eut pas cet état d'âme. Eternel voyageur autour de sa chambre, l'avenir ne l'a jamais inquiété. Moi, cette rentrée m'affolait. Le temps était venu de me ranger et de « prendre pharmacie » dans ma bonne ville de Perpignan, un peu comme l'on prenait femme au siècle dernier... Pas un mariage, un enterrement. Je cherchais à gagner du temps. Sous le prétexte de rembourser à nos parents nos frais d'escapade, je décidai de « monter » à Paris négocier notre aventure. Jean-Claude devait s'acquitter de son service militaire ; étant sursitaire, puisque pharmacien, j'avais droit à deux années de répit, j'entendais bien en faire mon école de commerce.

Je pris la route un matin comme chaque jour de notre circumnavigation terrestre. Simone pleurait. La première, elle avait compris que cette nouvelle fugue risquait d'être définitive. Comme il est dur à vivre pour une mère ce jour où vos enfants quittent le domicile familial. C'est la moitié de soi qui se détache, votre fils meurt sous vos yeux pour renaître aussitôt en adulte. Un adulte qui n'est plus vôtre, il est lui.

Mon père me convoqua dans son bureau et me dit sa fierté mais en profita aussitôt pour m'annoncer qu'il ne subviendrait plus à mes besoins :

— Ta vie commence demain. Fais-la belle.

Ce slogan de Petit Louis j'en ferai ma devise.

Simone, moins doctrinaire et plus pragmatique, me proposa de passer chez son épicier prendre quelques provisions pour la route en les mettant sur son compte.

— Prévois large, mon fils, de quoi tenir un bon mois. Le tour de Paris est bien plus hasardeux que le tour du monde.

Puech et Wolgen, le duo initiatique

Nous étions en octobre. Paris vivait un de ses étés indiens qu'il aime disputer à New York. Un ciel bleu violent, un soleil tendre, une humeur à la joie de vivre. Je m'installai sur les quais, sortant le soir mon réchaud pour me préparer mes coquillettes quotidiennes et bivouaquer dans ma 2 CV. Souvent méfiants, parfois compatissants, les rares passants étaient surpris. Pas moi, c'était la vie que je menais depuis des mois. Les clochards devinrent vite mes amis de fortune, je faisais table ouverte. Mes stocks se dégonflèrent à vue d'œil, qu'importe, mes journées, elles, étaient nourries. Je courus d'un sponsor à l'autre rendre compte de notre « exploit ». J'avais mis des lettres et des mois à les décider à une quasi-obole. Ils ouvraient soudain leur bourse sans réticence. Je décrochai même une pub pour les sacs de couchage Laplaud, la première et la dernière de ma carrière de publicitaire côté mannequin.

Tout semblait si facile, pas un seul soir je n'ai douté. Nous étions dans ces temps d'insouciance. Sans spectre du chômage, sans morosité collective, sans chantres du pessimisme, sans presse négativiste, la vie se satisfaisait de peu. Etre jeune était une clef qui ouvrait toutes les portes. Le bonheur d'exister, je l'ai rencontré là.

Nous eûmes enfin avec Jean-Claude, qui pour l'occasion obtint de son capitaine une permission de sortie, rendez-vous chez Citroën. N'ayant pas oublié leur accueil du départ, nous nous attendions au pire, nous reçûmes le meilleur. La communication de la marque était dans les mains de deux êtres d'exception. Claude Puech, érudit et épicurien, amateur d'art et d'art de vivre. Ce jeune Rastignac entré à Javel par la mauvaise porte, celle d'inspecteur commercial, ne tarda pas à se révéler, troquant son costume de VRP, si incongru pour cet esthète, pour l'habit de lumière de directeur de la pub. Sa première tâche lui valut deux oreilles et la queue : le lancement de la DS et d'abord la trouvaille de son nom de baptême : DS. Est-il plus belle abréviation ? De cette voiture, un ovni à sa naissance, il fera un mythe sans jamais mettre un franc en affichage, presse ou cinéma. Seul de sa caste à refuser la norme publicitaire, il prendra la profession à contre-pied. Avec la complicité de Robert Delpire, le plus grand éditeur d'art de sa génération qu'il convertira à la pub, il investira l'ensemble de son budget dans une série de brochures, livrets, livres, expositions confiés aux plus grands artistes plastiques, *art director*, typographes et photographes du moment. Il en réservera l'écriture exclusive à des écrivains. Le microcosme des pubards le sifflera, le public, lui, applaudira : sa pub est aujourd'hui dans les musées.

Claude sera mon Pygmalion. Attendri par mon inculture encyclopédique, il entreprendra ma formation. Je n'avais pas lu plus de vingt livres dignes de ce nom dans mes études de cancre puis d'apprenti pharmacien suivies de mes mois de bourlingue où ma seule lecture fut celle des cartes. Il établit une liste des cent ouvrages les plus importants de la littérature et me força à les lire de la première à la dernière ligne. J'y mettrai deux années qui me sortiront de ma crasse intellectuelle. Il m'en faudra néanmoins dix supplémentaires pour rattraper le niveau moyen du Parisien présentable, je ne le serais jamais devenu sans lui.

Son alter ego et copain de fac, Jacques Wolgensinger, qui avait fait ses premiers pas aux *Dernières Nouvelles d'Alsace*, héritera du service de presse et de relations publiques. Esprit de fer et cœur de velours, il va donner de l'âme et du corps à ces deux métiers balbutiants. Il sera l'infatigable et inusable auteur de la marque au double chevron, tandis que Claude en sera le metteur en scène. Ensemble, ils écriront la légende du Citroën de l'après-guerre, en faisant le porte-drapeau de l'automobile française.

Ils occupaient de petits bureaux jumeaux dans l'usine même de Javel créée par André Citroën, pour y construire pendant la guerre de 1914-1918 les obus qui feront sa fortune, puis les voitures qui feront sa perte. Nous poussâmes leurs portes en tremblant d'émotion. Nous étions dans le temple de l'inventeur de celle sans qui rien n'eût été possible, notre 2 CV. Après qu'ils eurent entendu notre récit chaotique, je leur tendis un brouillon de brochure relatant notre épopée en quatorze feuillets. Nous avions couché sur les pages de droite nos sept merveilles, sur celles de gauche, nos sept désillusions et résumions le monde à une équation : 7 – 7 = 0. Je venais d'écrire mon premier slogan. Le plus mauvais. Ils se regardèrent, complices, comme attendris par tant de naïveté, et sans plus de réflexion, nous proposèrent un partenariat en trois actes.

Un. Nous racheter la 2 CV au prix de l'Argus. Ils étaient bien les seuls à vouloir de cette épave qu'ils offrirent sur-le-champ au musée automobile du Mans. Elle y est toujours.

Deux. Nous faire entrer dans le circuit de Connaissance du Monde, organisateur réputé de conférences à travers l'Hexagone. Au programme, Herzog vainqueur de l'Annapurna, Bombard vainqueur de l'Atlantique, Frison-Roche vainqueur du Sahara, et nous : les Tintins en deudeuche. Jean-Claude toujours sous l'uniforme, j'entrepris seul, après mon tour du monde, un tour de France qui m'apprit sur le tas et la scène et le cabotinage. J'en ferai à vie bon usage.

Trois. L'obligation d'écrire un livre. Mission impossible si Wolgen ne nous avait pas tenu le stylo. Claude m'avait appris à lire, Jacques m'apprit à écrire. Mieux : en m'apprenant l'écriture, il me donna le goût d'écrire. L'ouvrage eut un succès surprenant, 150 000 exemplaires, le tirage d'un best-seller de l'époque, et une dizaine de traductions dans le monde. Ayant contracté le virus, j'en commettrai plus de vingt autres. En prime, le livre reçut un prix littéraire qui me conduisit au paradis : *Paris Match*.

Roger Théron, le choc des photos

Avant de devenir ce qu'il est, un magazine people qui tient le haut du pavé, l'œuvre de Jean Prouvost, ce seigneur du textile, était l'orgueil de la presse. Il tenait rang de ce que deviendra plus tard le journal de vingt heures : l'incontournable faiseur d'opinion. Un tirage oscillant entre un et deux millions d'exemplaires, les grandes plumes de Paris, les plus audacieux photographes, dont certains ne sont jamais revenus de reportage. En prime, Raymond Cartier qui chaque semaine disséquait sur six pages l'actualité du monde. Un maître comme la presse n'en fait plus. Il écrivait comme Jean-François Kahn et réfléchissait comme Jean Daniel, il avait le mondialisme dans la peau telle Christine Ockrent et l'analyse dans l'âme tel Vincent Hérouet.

Rien ne m'avait préparé au journalisme. Ma vie était tracée en bon fils de notable provincial que j'étais. Mon père négociait mon entrée dans l'officine vedette de Perpignan, la pharmacie du docteur Bobo, et rêvait de me voir épouser la belle Dany (future chanteuse, actrice et reine du Paris by night), fille de son ami Graulle, le chausseur à la mode de la ville. Cela ne s'invente pas.

Tous ses espoirs allaient voler en éclats. J'abandonnai la pharmacie, sans avoir jamais mis mon diplôme en pratique. Je le fis sans réfléchir, c'est ma nature : l'intuition me tient lieu de réflexion. C'est une insulte à la logique mais un hommage à la passion. Je la tiens pour meilleure conseillère que la raison. C'était surtout l'aboutissement de mon école buissonnière. J'avais choisi, malgré moi, le plus court chemin pour trouver ma voie. Woody Allen me l'apprendra plus tard. Le secret d'une vie créative : « Etre là où il faut quand il ne faut pas. Et là où il ne faut pas quand il faut. »

En ces temps, les propriétaires de presse étaient de vrais tycoons, plus *Rosebud* que CAC 40. Ils s'engageaient sur chaque ligne de leurs journaux, ne laissant à personne le *final cut*. Le « Patron », surnom naturel de JP, quittait, tous les samedis, le confort bourge de son château lillois pour venir en personne boucler son magazine. Je ne sus jamais qui déposa *La Terre en rond* sur son bureau. JP le parcourut et téléphona à son secrétaire, Raymond Castans :

— Il y a quelque chose de frais et de sain dans ces deux garçons. Nous devrions engager plus de globe-trotters anonymes et moins de reporters vedettes. Nos journalistes font du reportage en chambre d'hôtel cinq étoiles, eux le font à la belle étoile. Ils sont au corps à corps avec l'événement. Voyez-les.

Raymond, qui fut plus tard l'efficace patron de RTL, était alors, entre deux pièces de boulevard à succès et deux livres sur Marcel Pagnol, le sergent recruteur et directeur de *Paris Match*. A son tableau de chasse : Roger Vadim, Daniel Filipacchi, Philippe Labro, Michel Drucker et beaucoup d'autres. Il me convoqua, me relata le coup de fil du patron et me proposa la botte :

— Mais je suis pharmacien, lui dis-je, je ne connais rien à la presse.

— Eh bien je vais t'apprendre : tu commences demain.

Je n'osai pas refuser, sentant confusément que je tirais un trait sur sept années d'études et un métier reconnu pour m'embarquer vers l'inconnu. Qu'importe, j'ai toujours préféré le poker à la Caisse d'épargne. Les gains n'y sont pas garantis. Le frissonnant l'est et m'intéresse plus que le sonnant et trébuchant.

J'étais au journal, dès le lendemain soir. Premier job, la garde de nuit. Roger Théron, le rédacteur en chef, m'avait briefé en cinq minutes :

— Tu lis les dépêches, tu les classes, tu les hiérarchises. Si un sujet t'interpelle, réfléchis à un angle d'attaque spectaculaire et fais-moi une note. Nous en parlerons à la conférence de rédaction. Dans tes choix, n'oublie jamais que *Paris Match* est un show pas un magazine. Un hebdo pas un quotidien. Si tu vois un sujet à histoire monter en puissance, télex après télex, si tu flaires l'événement journalistique, tu me réveilles quelle que soit l'heure. La force de *Match* est d'être le premier sur l'événement où qu'il se passe dans le monde. Si tu te trompes tu es viré. Courage !

Mes premières nuits ne furent qu'angoisse, tiraillé entre la peur de réveiller Roger pour rien et passer à côté du scoop et donc par la porte. Un soir, vers une heure, tomba une dépêche qui me fit sursauter. Un navire de croisière venait d'être arraisonné au large du Brésil par une bande de révolutionnaires en mal de reconnaissance. Je crois me souvenir, sans en être sûr, qu'il s'agissait du *Santa Maria*. Les détournements d'avions avaient déjà fait quelques unes mais un détournement de paquebot, quelle première !

Il me fallait une idée. Comment embarquer sur un bateau en pleine mer alors qu'il interdisait toute approche navale sous peine de s'en prendre aux otages ? Je pensai à un de mes partenaires d'aile volante du week-end, grand cascadeur et champion du monde de parachutisme : Gilles Delamare. Je l'appelai. Pouvait-il se poser sur le pont d'un paquebot en plein Atlantique sud ?

— J'adorerais, me répondit Gilles.

Je réveillai Théron. *Match* eut son exclu et moi ma première nomination. Je fus adoubé apprenti reporter après une semaine de stage. Adieu métro, boulot, Bobo ! La pharmacie venait de sortir de ma vie.

Ce fut la grande vadrouille. Les envols aux quatre coins du monde, l'anxiété de l'aller, la fatigue du voyage, l'excitation du reportage, la gloriole du retour puis l'ennui. Le maître de ce ballet, directeur de la rédaction, était occitan. Il choisissait la destination, le sujet et reprenait chaque ligne du texte qu'on lui soumettait. Il m'apprit le talent de donner du talent aux autres. Ce fut mon premier prof de journalisme, et quel prof ! Ce Sudiste était un pélican, il en avait le corps arrondi et bonhomme, le cœur débordant et offert. Personne dans la presse, plus que lui, n'a prodigué ses forces, son temps et ses conseils. Il vivait à son rythme, celui de la terre, et il faisait les choses avec cette fausse lenteur du vigneron qui laboure. L'inventeur de *Paris Match*, *Marie-Claire*, *Télé 7 Jours* et *La Maison* traversait ainsi le jour en paysan sans avoir l'air d'y toucher. Mais l'ouvrage abattu le soir vous sidérait. Son intelligence crépitait en permanence comme ces grosses bûches de chêne qui font parler les âtres. Son bureau n'était d'ailleurs rien d'autre qu'un coin de feu. Nous y venions tour à tour nous réchauffer l'esprit. En quelques mots, il alimentait notre article, débloquant les plus inhibés, réveillant les endormis, apaisant les stressés. Dans mes pires moments de surplace, il me suffit de fermer les yeux et de penser à lui pour trouver la force de repartir.

Ce vigneron – il le deviendra retraite prise – s'appelait Bonheur. Gaston Bonheur. Jamais un nom ne fut mieux porté. Il commit un jour l'irréparable : une double page à la gloire du maréchal Pétain lors de l'un de ses anniversaires. Il n'était pas pétainiste le moins du monde et vichyste moins encore, mais sensible à la légende et à la gloire du vainqueur malgré la honte du vaincu. L'article déplut au général de Gaulle, JP le mit aussitôt sur la touche. Le Bonheur n'est pas le premier souci des tycoons.

Roger Théron fut le remplaçant naturel de son boss. Le passage de témoin se fit dans la tristesse. Le journal entier pleurait son maître, Roger le premier. Mais nul ne contesta la décision suprême. Ces journalistes qui avaient tous les courages, et jusqu'à celui de risquer leur vie sur les théâtres d'opérations, n'en avaient plus sur le théâtre de leur feuille de paie.

Le choix n'en était pas moins le bon. Roger devint à la presse, en quelques années, ce que Camus était à la littérature et Sartre à la contestation : la référence. Même élégance des mots et des gestes, même prestance racée et discrète, même sagacité du temps et ce don de savoir intéresser le lecteur sans l'avilir. Voyant jamais voyeur, intelligent jamais intello, doux jamais doucereux, il mena *Match* tambour et cœur battants, sans lever la voix mais en élevant le niveau. Il formera une génération de journalistes qui seront l'honneur de ce métier. Honneur perdu désormais dans les méandres du sans-gêne, le cache-misère du sans-talent, du vulgaire, à ne pas confondre avec populaire, de la dérision, à ne jamais mêler à l'information. Quand ce n'est pas de la médisance ou de la calomnie, fût-elle par faux SMS interposé.

Je ne resterai que deux années sous sa coupe, mais il m'enseignera le poids des mots et le choc des photos. Je ne pouvais rêver meilleur mentor pour m'enseigner la pub, ce poids d'un slogan et ce choc d'un visuel.

Match fut ainsi mon université en communication. L'amphithéâtre s'appelait « bouclage ». C'étaient les deux heures fatidiques hebdomadaires où Jean Prouvost, en personne, changeait la face de son journal en scrutant celle du monde. Le point de non-retour à partir duquel rien ne pouvait plus être revu ou corrigé. La minute où les rotatives allaient tourner inexorablement, tel le destin. L'instant qui faisait l'actualité. Des quatre coins du monde, nous ramenions de quoi remplir plusieurs fois l'édition de la semaine. Nous étalions le tout sur la moquette de son bureau. Jean Prouvost allait d'un article à l'autre, l'acceptant ou le refusant, d'un revers de canne, avec une violence qu'il ne maîtrisait pas.

— Mon journal s'appelle *Match*, hurlait-il, parce que la presse est un combat et vous ne montrez que de la guimauve. La photo n'est pas une illustration. C'est une information. Foutez-moi tout ça à la poubelle ! Mes lecteurs ont besoin de choc, pas de chic.

Surprenant assemblage de grand bourgeois et de poulbot, il savait se mettre à l'écoute de ce qu'il appelait « le trottoir », cet homme et cette femme de la rue dont il percevait les désirs et les besoins. Ce crocodile avait une âme de midinette et la midinette une âme d'aventurier :

— Séguéla, il faut essayer de faire quelque chose de différent tous les jours. Il ne faut se refuser aucun destin, me souffla-t-il après l'organisation de mon scoop sur le *Santa Maria*.

Avec le revers de la médaille que tout journaliste doit assumer : ce cynisme du scoop qui me fera abandonner ce métier. Je n'oublierai jamais ma première couve de *Match* quelque dix mois plus tard. C'était un fait divers sordide. Une femme battue avait tué son mari. Condamnée à huit ans, elle sortait à mi-peine. Le journal me demanda de couvrir les retrouvailles de la mère et de ses deux jeunes enfants qu'elle n'avait pas vu grandir. Je partis avec un photographe : le cliché fit la une. Je me précipitai à Perpignan pour la montrer à mes parents. En lieu et place des félicitations que j'attendais, Simone me glaça :

— T'es-tu seulement demandé si les deux filles de la maman meurtrière de leur père avaient apprécié que la France entière découvre leur drame. Quel dégât de l'âme pour ces êtres encore si fragiles !

Ce jour-là commença à me faire douter de ma vocation. J'étais un jeune homme pressé, l'ambition étouffa mes doutes dans l'œuf. Pour un temps, un temps seulement.

Vint le jour tant redouté où sonna pour moi le clairon du service militaire. Je n'étais pas un antimilitariste primaire, à l'instar de la majorité de ma promotion. Mais je trouvais cette guerre d'Algérie plus stupide encore que les autres guerres. Démocratie et colonialisme, quelle antinomie ! Et tuer au nom de l'Algérie française, quel crime d'Etat !

Je rejoignis ma caserne en pensant, à tort, que j'allais perdre vingt-huit mois de mon existence (j'avais hérité de la conscription la plus longue) pour une cause que je vomissais et dont la fatale issue me semblait déjà écrite. Le hasard voulut que nos copains de chambrée s'appellent Just Jaeckin, Francis Veber et Philippe Labro. Nous étions affectés au train des équipages. N'ayant pas la vocation de chauffeur de colonel, nous postulâmes ensemble à la rédaction de l'hebdomadaire militaire *TAM*. Candidature acceptée. Venant de *Match*, je fus nommé rédacteur en chef à titre provisoire, en attendant le capitaine dévolu au titre. Il ne vint jamais. J'étais parti pour deux années supplémentaires d'apprentissage en communication, section travaux pratiques. Sortir un journal toutes les semaines sans en avoir jamais fait, avec le futur réalisateur d'*Emmanuelle*, le futur auteur le mieux payé du cinéma français et le futur journaliste le plus envié de France : je faisais mes classes en première classe.

Je passais du stade de reporter civil à celui de reporter militaire en civil. Nous avions obtenu de nos supérieurs de ne pas endosser une tenue qui nuirait à notre métier d'enquêteur. En toute logique, n'ayant pas d'uniforme, il était impensable que nous logions dans une caserne. Nous fûmes exemptés. Faire son service en rentrant tous les soirs chez soi : vive l'armée !

Notre séjour en Algérie nous remit en tenue, champs de bataille obligent, mais nous devînmes correspondants de guerre. Une nouvelle école de journalisme en live. Je dois ainsi à l'armée de m'avoir appris mon métier de communicant. Ces deux années de pratique allaient me servir de pedigree et me conduire à ma vraie vocation. Mais il me restait à faire une ultime rencontre...

Pierre Lazareff, le poids des mots

Ma démobilisation me donna des ailes. Je retrouvai Jean-Claude pour une nouvelle aventure : la création d'un magazine de loisirs et de voyages. Le genre n'existait pas encore, nous essuyâmes les plâtres. Je fis une faute de positionnement impardonnable. J'avais une excuse : je ne connaissais pas encore le mot « marketing ». Nous conçûmes notre journal comme nous avions fait notre périple. En dehors des sentiers battus. Refusant la convention, nous nous épuisâmes à faire de chaque page de *VIA*, une révolution. Chaque article croulait sous les effets jusqu'à la publicité que nous voulions différente. Nous la composions nous-mêmes dans le style du journal pour que le lecteur ne soit pas dépaysé. Le contenu éditorial oscillait d'*Actuel*, comble de l'intellectualisme branché, au *Gault et Millau*, monument de conservatisme épicurien bourgeois. De quoi détourner les deux cibles qui détestèrent chacune la moitié du journal. Corollaire : les ventes furent une division et non la multiplication espérée. Dès la sixième parution, tous nos droits d'auteur et mes cachets de conférencier engloutis, je me mis à chercher un repreneur. Le premier appel à l'aide fut pour Jean Prouvost. Il me reçut, me regarda avec dédain et lâcha :

— Jeune homme, que vous a-t-il pris de vous instaurer patron de journal ? C'est un sport de riche. Il vous faudra, comme moi, gagner beaucoup d'argent ailleurs avant de le perdre à nouveau dans les médias.

Dépité, je pris rendez-vous avec Pierre Lazareff, redoutable et redouté empereur de la presse populaire. *France-Soir, Paris-Presse, Elle, Marie-Claire, Télé 7 Jours* (en partenariat avec *Paris Match*), aucun titre à grand tirage n'avait échappé à son flair. Il les avait tous créés et tous fait prospérer. Son discours fut à l'inverse de celui de JP. Le financier m'avait remis à ma place. Le créateur prit le temps de lire les six exemplaires de *VIA*. J'assistai muet et transi à sa lecture.

Lazareff était petit et laid et je n'ai jamais connu d'homme plus grand et plus beau. C'est bien le comble de la séduction que de faire oublier en permanence la personne pour ne montrer que la personnalité. Il était vêtu comme un petit commerçant juif new-yorkais : éternel complet de drap noir rugueux, chemise blanche au col rebelle, cravate étroite fatiguée, bretelles flasques. Il semblait, quelle que soit l'heure du jour, sortir d'une nuit blanche. Un seul luxe, celui des gilets. Une fantaisie qui jouait à cache-cache avec le mauvais goût : gilet de maître d'hôtel rayé, gilet de laine de grand-père, gilet fleuri de gravure de mode, gilet strict de bourgeois, chaque jour apportait sa mauvaise surprise.

— Vous auriez dû venir me voir plus tôt. Ce thème des loisirs est dans l'air. Il y a dans ces pages autant d'incohérence que de nouveauté. Je ne reprends pas le titre, mais je reprends l'équipe. Nous allons faire un vrai journal ensemble.

Pierre était de cette race que j'admire où le potentiel tient lieu de différentiel. Dans son antre de la rue Réaumur, les livres disputaient les murs aux boiseries, les dossiers à une hétéroclite collection de poupées qui envahissait son bureau. Il était là, pendu à ses bretelles qui semblaient le soutenir plus qu'elles soutenaient son pantalon usé par les années de combats sans fin pour la liberté des journalistes. Seul garant, pour lui, de la liberté de la presse. Son teint de plâtre semblait annoncer de son vivant son masque mortuaire. Mais derrière les lourdes lunettes d'écaille, le regard avait toujours vingt ans. Par instants, sa silhouette écrasée retrouvait sa jeunesse. Il bondissait de son siège pour prendre un téléphone ou se précipitait vers ses cinq secrétaires auxquelles, tel Napoléon, il dictait cinq lettres ou papiers en même temps. On sentait alors se ranimer les feux mal éteints de ses années de gloire et de puissance. La grande presse parisienne commençait son déclin. Avec son troisième œil précurseur du temps, Pierre l'avait anticipé. Ce mal le rongeait, attisant un cancer qui n'allait pas tarder à se déclarer. Qu'importe. Le corps freinait, la tête tournait à plein régime. Tout l'intéressait, tout le motivait, son jugement allait à la vitesse de la lumière et ne semblait s'apaiser que lorsque, dans une concentration soudaine, il relisait les papiers importants de l'édition en cours. Pas une info qu'il ne contrôlât personnellement d'un coup de téléphone à la source, fût-elle élyséenne, pas une faute de style qui ne lui échappât, pas une faiblesse d'analyse qu'il ne reprît de sa main. Il était notre soleil, notre étoile polaire. Quel patron de presse peut aujourd'hui s'en vanter ?

Une anecdote courait les couloirs du journal. Par un triste soir de 1940, le jeune Maurice Druon remettait à Pierre son premier papier. Inhibé, le futur académicien y avait mis tout son jeune savoir mais l'article restait sans nerf. Le titre, à l'unisson, claironnait : « La confiance dans l'homme ». Lazareff courut au labo et demanda un cliché du premier mort de la drôle de guerre. Il corrigea le texte, lui donna le talent qui lui manquait, titra : « Je pars à vingt ans » et le mit en première page. Druon entra d'un titre dans le journalisme par la grande porte.

Le moment de joie pour moi était justement ce choix des titres de une auquel de-ci, de-là, il me conviait. Du titre au slogan il n'y a qu'un pas. Mon métier, je l'ai appris là. Ainsi ce matin où la première édition peinait à s'arracher. *France-Soir* éditait deux à trois unes par jour selon l'actu, mais aussi les premiers tests téléphoniques de vente sur une vingtaine de kiosques parisiens.

Pierre, toutes bretelles dehors, se leva et nous engueula :

— Normal que les lecteurs nous boudent. Notre une est pitoyable.

— Mais Pierre, répondit le rédacteur en chef, il n'y a pas d'info percutante, comment dès lors frapper les imaginations ?

— Quand il n'y a pas d'actu on la crée. Au travail, vous avez chacun cinq minutes pour me trouver un grand titre et enrayer cette débâcle.

Il était dix heures. La deuxième édition, la plus importante, était diffusée à midi. Le temps était compté, le talent allait l'être aussi. Chacun revint penaud sans avoir d'idée choc. Le patron, lui, avait écrit la sienne en capitales sur une feuille de papier qu'il déplia sous nos yeux : Brrrrr sur huit colonnes. C'était le 6 mars 1964, l'un des jours les plus froids de l'année. L'addiction à la météo, devenue depuis le premier pic d'audience des télévisons, n'existait pas. Pierre venait de l'inventer. Les ventes, elles, eurent un coup de chaud : + 20 %.

Quel génie et quel gosse ! Le talent n'a pas d'âge, la facétie non plus. Un jour, Marcel Bleustein-Blanchet, le fondateur de Publicis, téléphona au fondateur de *France-Soir* :

— Allô, Pierre, je t'appelle de ma voiture.

— Comment de ta voiture ?

— J'ai importé le premier téléphone automobile.

— Bravo, trancha, dépité, Lazareff.

Pierre tenait à être le précurseur des nouvelles technologies de la communication. Et voici qu'il se faisait voler la vedette. Pis : par un publicitaire ! Une semaine plus tard, il passait à Bleustein le coup de fil du berger à la bergère :

— Allô, Marcel, je t'appelle de ma voiture... Pardon, ne raccroche pas, on m'appelle sur une autre ligne.

La taquinerie n'excluait pas l'amitié. Bleustein fut l'un des derniers à rendre visite à Lazareff quelques jours avant qu'il nous quitte :

— Marcel, j'ai peur de mourir, lui dit le père de *France-Soir*.

— Tout le monde a peur de mourir, Pierre.

— Ce n'est pas vraiment que j'ai peur de mourir, mais j'ai tellement peur de m'ennuyer quand je serai mort.

Le grand prêtre de l'info avait deux autres cultes : celui des poupées de chiffon et celui, plus inattendu, des poupées de chair. Son bureau, tout en boiseries de merisier, était aux trois quarts recouvert de figurines de tous les pays du monde que lui rapportaient ses journalistes. Chacune d'elles lui rappelait un reportage, un titre, un scoop. C'est ainsi qu'il en parlait. Il ne disait pas : « Regardez ma petite paysanne du Caucase », mais : « Voici l'interview exclusive de Khrouchtchev de juin 1959. » Il mêlait le journalisme à tout.

Sa passion des starlettes était tout aussi professionnelle. Il entretenait des amours platoniques et téléphoniques avec quatre ou cinq comédiennes en herbe. Lazareff scrutait ainsi de son bureau la vie parisienne. Cette mise à jour quotidienne de la Carte du tendre de la capitale lui permettait de publier, avant tous les autres, fiançailles et ruptures, mariages et divorces.

Je me souviens d'un après-midi gris d'hiver. Paris faisait la grimace. Pour tuer mon ennui, je me rendis en matinée au Napoléon, un cinéma de l'avenue de la Grande-Armée devenu depuis un garage, triste époque ! Je n'avais pu résister à l'affiche : *Key Largo*, les amours embrumées de Humphrey Bogart et de Lauren Bacall. Je crus mourir à l'entracte lorsque je vis arriver Lazareff au bras de Mijanou Bardot, la sœur de B.B.

— Alors, Séguéla, on fait chapeau ? Moi au moins j'ai une excuse, me lança mon boss en serrant le bras de sa compagne.

Le lendemain, *France-Soir* annonçait, le premier, le mariage de Brigitte Bardot et de Gunther Sachs.

De mon côté, je dirigeai *Vive les vacances*, le magazine promis par Lazareff. Deux cents pages mensuelles où s'alignaient, cette fois en bon ordre, et sans écart de ton, sports, loisirs, voyages, week-end : un *VIA* populaire qui trouva aussitôt son public. Pour l'occasion *France-Soir* s'était associé avec *L'Equipe*. J'eus ainsi deux patrons pour le prix d'un, Jacques Goddet s'ajoutant à Pierre Lazareff. Jacques était le prince des sports. Sourire à la Clark Gable, style à la David

Niven, il dirigeait sa presse populaire avec l'élégance, l'urbanité, le raffinement d'un joueur de polo. Mais sa plume, trempée dans le miel de Jean d'Ormesson et le fiel d'Antoine Blondin, était d'une saveur unique, comme ces plats sucrés-salés de la nouvelle nouvelle cuisine. Il vous mettait la larme à l'œil en trois lignes, en vous contant une banale montée du Ventoux sous la pluie, dont il faisait un poème shakespearien.

Dans l'association, lui incombait la tâche de séduire les annonceurs. Il m'invita ainsi à ses déjeuners au Fouquet's avec ces messieurs de la Bourse. Je découvris le monde de la pub entre la poire Bourdaloue et le chariot de fromages.

Quelques mots jetés dans la conversation pesaient plusieurs centaines de milliers de francs de contrats. Ce n'était pas un métier, c'était un jackpot. Je restais sous le charme.

J'eus trente ans. Il était temps, pour une fois, de choisir ma vie plutôt que de la laisser me guider. Du moins, je me l'imaginais. Pierre, pour mon anniversaire, m'invita à déjeuner, la chose était rare. Il m'annonça l'arrêt du magazine aussi brutalement qu'il en avait décidé le lancement. Trop de tension avec *L'Equipe*, trop de pression avec *France-Soir* dont le bilan avait du mal à s'équilibrer. Le groupe entrait dans le rouge, il n'en sortira plus.

— Mais je veux vous garder avec moi, Jacques. J'ai deux jobs pour vous : prendre la rédaction en chef de *Elle*, ou retrouver l'équipe de « Cinq colonnes à la une » (l'émission star de la télévision à l'époque).

Je me précipitai de sa part chez les deux autres Pierre, Desgraupes et Dumayet. Je racontai mon début de vie et mes aspirations plutôt libertaires et créatives pour la suite. Ils me renvoyèrent aussitôt à mon incohérence.

— Jeune homme, ne vous demandez pas si la télévision est faite pour vous mais si vous êtes fait pour elle. On ne peut réussir dans un métier que si l'on est habité par ses forces et ses faiblesses. L'info télévisée est rigueur, densité, conscience, voire dogmatisme et tout autant compétition, brutalité et cynisme. Réfléchissez bien, la télévision vous met au top ou au placard et elle n'épargne personne.

La réaction de Simone, qui m'avait tant reproché ma couverture scandale de *Match*, me revint en mémoire. Etais-je prêt à cette chasse au scoop sans foi ni loi, qui n'est qu'une course à l'âne ? Etais-je fait pour relater les malheurs du monde, traquer les faits divers et les scandales, chercher la faille ? Bref, étais-je né pour être journaliste ? Je m'en ouvris à Lazareff dès mon retour au journal. Sa réponse allait, une dernière fois, changer ma trajectoire.

— La presse n'a qu'un maître : l'info. Si l'on n'est pas prêt à sacrifier son sentimentalisme et parfois même ses convictions intimes pour elle, on ne peut la servir. Certains la traitent de cynique. Erreur, elle est civique, son besoin de vérité est sa pureté. Si cette définition vous choque, changez de métier. Vous avez le talent des mots, mais aussi celui de la vente. La presse va connaître des jours difficiles, l'âge d'or est derrière nous. Je vous ai vu à l'œuvre, vous avez l'instinct de la formule, en journalisme ce n'est qu'un titre, en publicité toute une affiche. Allez dans la pub, vous y ferez merveille. Tout est à faire dans ce métier neuf et d'abord à faire de l'argent. Regardez Bleustein-Blanchet, il en fait dix fois moins que moi et il est dix fois plus riche. Faites un essai, j'ai beaucoup d'affection pour ce que vous êtes. Si vous échouez, votre place chez moi vous sera toujours offerte.

Le lendemain, j'appelai Puech et Wolgen pour m'aider à trouver un job. Ils me firent aussitôt embaucher par leur agence. J'étais à tout jamais... *Fils de pub*.

V

Mercenaire de l'imaginaire

(Rencontre avec la pub)

Paris vivait sa vie. Les jeunes loups s'étaient mis en ménage avec le rêve américain. C'était la grande fête des épousailles du Vieux Monde et de la nouvelle Terre. Philippe Labro jouait au Randolph Hearst latin, Just Jaeckin les Avedon français, Francis Veber les Arthur Miller sudistes. Notre éducation militaire commune avait porté ses fruits. Les prêtres du Flower Power et du LSD poussaient sur les campus californiens, laissant sourdre chez nous des ferments de révolte à Nanterre, 68 n'était plus loin. C'était la fête du twist et du folk. La France vivait à l'heure de L.A. ou de N.Y.C. Le jean, nouveau roi du look, nivelait les classes sociales. Le temps de la pub se levait.

Je ne connaissais rien de cet univers. Je fus reçu par le patron de l'agence en personne comme un deus ex machina. Je crus en mes capacités, je sais depuis que lorsque votre plus gros client vous appelle pour vous recommander un CV, tout patron de pub engage son titulaire avant même son entretien d'embauche. Mais il était plus et mieux qu'un simple patron d'agence. Je m'attendais à rejoindre un monde fou fou fou, j'étais entré dans le temple de la rigueur et du goût. Bob menait une vie d'ascète, d'autant plus surprenante que ses confrères s'adonnaient ouvertement à la vie de sybarite. Homme de lettres plus que de slogan, homme de culture plus que d'affaires, Delpire était l'anti-pubard par excellence. Discuter d'argent était comme parler de Dieu avec un communiste. Les chiffres, pour lui, étaient à la fois tabous et talismans. Mi-Léonard de Vinci, mi-Talleyrand, il n'abordait jamais une discussion de front avec un client. Pour ne rien arranger, il refusait tout repas d'affaires. Un jour où je m'en étonnais, il me cloua sur place :

— On ne parle pas la bouche pleine !

Faute de m'enseigner la pub qui n'était pas son fort, Bob m'apprit l'exigence. Ce mieux qui, n'en déplaise aux laxistes, est supérieur au bien. J'entrai à l'école des images après avoir fréquenté celle des mots. Bob était un œil. Il saisissait la beauté à la vitesse d'un laser. Sous l'ascète couvait l'esthète. A l'école de la volonté aussi. Car on ne change pas de métier comme on change de chemise. Hier, jeune rédacteur en chef adulé et craint du premier groupe de presse français, poulain de Lazareff, invité aux premières et aux enterrements, je me retrouvais aujourd'hui petit chef de pub pas encore connu d'une agence pas encore reconnue. Mon salaire avait suivi la même décrue et perdu un zéro. Je serrais les dents tous les matins pour ne pas reprendre le chemin de la rue Réaumur, l'antre de *France-Soir*. Le plus dur était le passage psychologique de fourni à fournisseur. Un journaliste voit toutes les portes s'ouvrir sur son passage, un publicitaire toutes les portes se fermer.

Je me défoulai par une boulimie professionnelle. Je faisais trois métiers à la fois. L'un pour vivre : la publicité ; l'autre pour rembourser mes dettes de *VIA* : j'étais producteur d'une série d'émissions d'aventures pour la télévision ; le troisième servait à mettre de côté l'argent nécessaire pour acquérir un jour ma liberté. Des trois, c'était le plus pénible. J'avais signé avec Guy Schoeller un contrat de bagnard. Il cumulait à cette époque les titres de mari adulé de Françoise Sagan, de dandy lettré de la rive gauche et de directeur courtisé du Livre de poche. Je m'étais engagé, avec Claude Massot, grand journaliste et grand cœur, à lui livrer pour sa collection de guides quatre cents feuillets par trimestre. Je devais ainsi, en sus de mes heures de publicitaire et de producteur, gratter trente pages par semaine sur des sujets que je ne connaissais généralement pas. C'était Cayenne. J'en fis quatre avant de rendre ma plume, dégoûté à tout jamais de l'écriture. Je n'arriverai à la reprendre que quinze années plus tard.

Qu'importe, j'étais tombé amoureux. Amoureux de la pub. Elle n'était pas devenue ce qu'elle est, cette industrie à fabriquer de l'imaginaire à la chaîne. C'était un artisanat quasi solitaire, où l'on assurait seul le marketing, la conception, la production et la vente de ses idées. Un multicarte en somme.

Je suis entré dans la pub comme on entre en religion, touché par la grâce. Couché athée, je me suis réveillé officiant. La grand-messe païenne venait de trouver un nouveau prêtre, je le suis toujours. Je célèbre encore chaque matin le même office, mais qui est mon Dieu ? J'ai revêtu les ornements de mon sacerdoce, complet Shanghai Tang, caban Louis Vuitton, polo Lacoste, chaussures Tod's, panoplie Prada, montre Cartier, stylo Montblanc, portable BlackBerry. J'ai traversé, ainsi grimé, un demi-siècle de factice et d'artifice. Je n'en suis ni fier, ni complexé et encore moins dupe de la futilité, et de la démesure de mon culte. J'ai été, je reste un bateleur moderne, un funambule du commerce, un saltimbanque de la consommation. Quel bonheur ! Quel honneur ! J'ai eu entre les mains un outil fou, une machine à fabriquer du rêve. Et je ne m'en suis pas privé.

Delpire, ne sachant que faire de mon encombrante présence, imposée par Citroën – il me prenait pour son œil de Moscou –, me confia le département pharmaceutique. Ironie du sort. J'avais mis un tour du monde et quatre ans de journalisme à faire oublier mon diplôme de docteur en pharmacie, il me sautait de plus belle à la gorge.

N'ayant eu aucune préparation autre que celle de la presse, je fis mes premiers pas et mes premières campagnes plus en reporter qu'en créateur. Je me laissais mener par mes rencontres. A nouveau, elles tracèrent ma route à ma place.

Prévert, poète et troglodyte

Mon retour aux sources, je le fis aux laboratoires Roussel. Ils voulaient, pour le lancement d'un nouvel analgésique, le Glifanan, s'adresser aux cinquante mille médecins de France. Ils me suggérèrent de recourir à une illustration photographique de la douleur. La chose avait été faite cent fois. Pour mes débuts publicitaires, je tenais à être ailleurs et autrement. Je proposai, sans plus y réfléchir, des collages originaux de Prévert. Son style graphique tourmenté et rageur, presque inconnu à l'époque, symbolisait pour moi la douleur mieux que tous les clichés allégoriques. Delpire trouva l'idée saugrenue mais poétique, il me laissa carte blanche.

On se demande toujours comment approcher un mythe. Le journalisme me l'avait enseigné. En lui téléphonant, tout simplement. Prévert était dans l'annuaire, entre Prévaux, Préville et Prévoisin. Ça sentait déjà l'inventaire. Et le conte de fées commença. L'auteur des *Enfants du Paradis* habitait Pigalle, au-dessus de la terrasse du Moulin-Rouge. Au fond d'une arrière-cour, un immeuble délabré, un escalier, c'était là. Prévert m'ouvrit lui-même. Il n'y avait ni majordome ni soubrette, seulement deux gros chats.

Le lieu était insensé, une enfilade de grottes à la Jacques Couelle, cet architecte méditerranéen qui a vendu à prix d'or aux milliardaires de la Côte ce retour architectural à l'âge de pierre. Plafonds de stuc voûtés, murs crépis ballonnés, chaque pièce s'était muée en antre de troglodyte postmoderne. C'était la Cappadoce à Pigalle. Prévert avait transformé son quatre pièces-cuisine bobo en crypte copte. Il travaillait debout devant une longue table de moine, tandis que tournaient, derrière lui, à travers les portes-fenêtres de la terrasse, les grandes pales déplumées du Moulin-Rouge.

La singularité se limitait au lieu. Je m'étais imaginé que le pape de Saint-Germain-des-Prés aurait une mine de poète et une mise d'artiste. Prévert avait la tête d'un petit retraité et flottait dans une robe de chambre de la Samaritaine, un mégot de gitane papier maïs pendant à ses lèvres. Mais le plus étrange était ses inséparables pantoufles. Il les gardait même pour sortir. Je ne pouvais me faire à l'idée que cet homme qui avait révolutionné le cinéma, fait exploser la littérature et réinventé la poésie pût mener une vie pantouflarde. N'empêche, il avait gardé l'âme acide et mordante de l'éternel étudiant en révolte. Un jour, je m'étonnai que sa télévision fût allumée alors que les programmes ne commençaient qu'à dix-neuf heures.

— La télévision va tuer nos âmes, ronchonna-t-il. Aujourd'hui elle se contente de nous informer, demain, elle nous dictera nos envies, nos choix, nos peines. Bref, nos passions et nos compassions. Le jour viendra où elle fera même l'amour à notre place. Alors je me mithridatise, je me vaccine, je m'immunise contre elle en m'habituant à la regarder sans la voir. Et c'est plus facile quand il n'y a pas de programme. Parce que moi, je ne sais pas dire non à une image qui passe. Dès que cette étrange lucarne s'allume, elle me happe. J'en deviens accro. Je suis téléphage mais je me soigne.

Le plus stupéfiant est que cet homme-slogan n'ait jamais fait de publicité. Ce n'était pas Prévert qui avait refusé la pub, c'est la pub qui avait ignoré Prévert. Quelle perte !

— Avant de dire oui, me dit-il, je veux connaître la mariée. Il faudra me raconter la publicité. Mais pas aujourd'hui. Aujourd'hui, j'ai une préface à terminer, vous allez m'aider.

L'aider signifiait s'asseoir et le regarder écrire. Je revins chaque jour de la semaine. Tout en faisant sous mes yeux ses collages, Prévert me questionnait sans cesse sur mon nouveau métier. Quand je ne trouvais pas la réplique à la seconde, il me lançait :

— Réfléchissez, vous me répondrez demain.

Je finissais par m'habituer à être ainsi l'invité de tous les matins. Le vieux chasseur de mots, devenu solitaire, avait besoin d'une présence pour créer. Au troisième jour, je faisais partie de la famille. Je jouais les maîtres d'hôtel, Prévert détestait aller ouvrir la porte. « Les mauvaises nouvelles sonnent, les bonnes téléphonent », grommelait-il. Je servais aussi de cuisinier. « Vous resterez bien déjeuner » signifiait : « Vous me ferez bien des spaghetti et surtout n'oubliez pas les oignons. » Mais mon plein emploi était celui de documentaliste. Ne pouvant rester sans rien faire, j'avais demandé la permission de ranger les livres qui encombraient sa table. Il en arrivait des quatre coins du monde.

— Je n'ai plus l'âge de lire, me confessa-t-il, la lecture est comme la boxe, un sport de jeune : l'une et l'autre ne se pratiquent pas chaussé de lunettes. Et puis, je n'ai plus de temps à perdre avec les autres, je dois m'occuper de moi.

Il me confondit un jour en me priant d'aller acheter au coin de la rue un Petit Robert. Je me précipitai vers la librairie pour remonter avec la dernière édition du dictionnaire. Lorsque je le posai sur la table, le maître éclata de rire.

— Séguéla, que voulez-vous que nous fassions de cela pour le déjeuner ? C'est un camembert Petit Robert que je vous avais demandé.

L'homme de *Paroles* s'adonnait désormais plus volontiers aux nourritures terrestres qu'aux nourritures intellectuelles. Le jour vint, hélas, du dernier collage, la fin du voyage au bout du talent. Prévert sentit mon bouillonnement.

— L'astuce, me dit-il, c'est de se dénicher un métier neuf. De mon temps, c'était le cinéma et c'est ce qui m'a poussé là-dedans. Votre temps à vous, c'est celui de la réclame. Foncez, jeune homme !

Prévert rejoignait Lazareff.

Ce fut ma première et dernière prouesse chez Delpire. Cantonné à cet univers pharmaceutique que je voulais fuir, je me languissais. L'agence faisait plus d'édition que de pub, j'avais faim de médias et de grande conso. Je rêvais d'affiches, d'annonces, de films, mon horizon ne m'offrait que prospectus, certes de luxe, catalogues, certes de prix, liflets, certes de talent. Il me fallait des flots plus tempétueux et surtout être maître de mon navire.

« Si tu veux voir la mer sans te mouiller, achète une île, pas un bateau », professait Petit Louis. Il était temps de se mouiller. Je quittai Bob avec tendresse, parachevai ma formation dans une jeune agence, Axe, au spectre de clients plus large. J'y rencontrais Bernard Roux, mon premier frère d'armes.

Mai 68 allait nous vacciner de son sérum libertaire. Ensemble, nous proposâmes à notre boss de nous prendre pour associés. Il nous vira. L'agence Roux-Séguéla, qui s'enrichira plus tard de Cayzac et Goudard, venait de naître. Le gauchisme m'avait fait capitaliste.

Pompidou, le fils de pub

Ma première rencontre élyséenne aurait dû être la dernière. On ne pouvait mieux rater son entrée. Publicité bien ordonnée commence par soi-même. Notre acte fondateur de l'agence, avec Bernard Roux, fut de faire notre propre pub. Nous investîmes l'ensemble de notre capital dans une page du *Figaro* et du *Monde* titrée : « Lettre ouverte aux présidents-directeurs généraux ». Le texte était à deux entrées et une seule sortie. « Ou vous avez une agence, voyez-nous, vous aurez mieux. Ou vous n'avez pas d'agence : voyez-nous, vous en aurez une. » La seule réponse vint d'un certain Witner, le président de Mercury pour la France. Il résuma son brief d'un verbe : « Etonnez-moi. »

L'homme me plut, c'est la réponse que Diaghilev avait faite à Cocteau qui lui demandait sa définition de la danse. La pub n'en a jamais eu de meilleure. Je me mis à l'œuvre. Je ne suis pas un créatif à tête pensante mais plutôt à tête chercheuse. Un annonceur me pose un problème, une idée me vient à l'instant. Elle n'est pas toujours la bonne, mais je n'en n'aurai pas de meilleure. Je suis comme dans une partie de ball-trap, concentré sur le départ de la cible, toute mon attention à l'affût. L'assiette part, je tire à la volée sans hésiter. L'hésitation est l'émasculateur de la création. A trop vouloir réfléchir, on tue la simplicité. Les plus belles trouvailles sont toujours les plus naturelles. Marvin Minsky inventa l'intelligence artificielle, comble de la sophistication, en analysant l'activité la plus simple : des enfants jouant aux cubes. Newton comprit la pesanteur en se concentrant sur une pomme, et Galilée la Terre en fixant les étoiles. La découverte n'est qu'une somme de déductions enfantines.

A la minute même où mon interlocuteur acheva son exposé, j'eus un flash. Je me souvins d'un reportage de *Paris Match* qui avait surpris : le président Pompidou barrant un youyou à moteur, au large de Saint-Tropez. Et si c'était un Mercury ? Je fonçai au journal retrouver l'original. Bingo, il s'agissait du célèbre moteur noir.

L'annonce parut la semaine suivante. Au-dessus de la photo du chef de l'Etat, on lisait : « Merci, monsieur le président, de prendre soin de votre sécurité. » Le texte enchaînait : « En choisissant Mercury, vous êtes sûr de nous revenir sain et sauf. » En une seule page de *L'Express*, nous allions relancer la marque et lancer l'agence.

Le « News Magazine » paraissait le lundi mais, attention particulière de JJSS, un avant-tirage était déposé le samedi sur le bureau de l'Elysée. Cet après-midi-là, le président prenait son café lorsque Mme Pompidou poussa un cri. Elle venait de découvrir son mari en cover-boy. Georges Pompidou prit une des plus belles colères de sa présidence, il téléphona à Jean-Jacques Servan-Schreiber : il ferait saisir le journal, s'il paraissait avec cette pantalonnade. Françoise Giroud m'appela à son tour, me menaçant de nous faire payer le coût du dommage. C'était pour notre agence, reine d'un jour, l'opprobre et la faillite.

— Ayez donc une idée puisque vous jouez les malins, dit-elle en raccrochant, rageuse.

Je la rappelai quelques minutes plus tard.

— Madame, il suffit d'arracher la page.

— Eh bien, chargez-vous-en.

Il fallut trois jours et trois nuits à trente copains bénévoles pour arracher à la main l'annonce maudite. Il y avait plus de 600 000 exemplaires entassés dans un hangar rempli à ras bord.

L'Express parut hors délai mais fit la une des radios et des télévisions. On ne parlait que de la pub manquante que je m'étais empressé de diffuser sous le manteau.

L'agence Roux-Séguéla fut connue en un jour. Dans la profession ce fut un immense éclat de rire. Le président de la République, lui, riait jaune. Convoqué à l'Elysée, Bernard Roux s'excusa mais fit valoir que nous n'étions pas hors la loi. Un vide juridique laissait à l'abandon l'image présidentielle. Le législateur se dépêcha de rectifier le tir. Nous fîmes notre entrée dans le cénacle de la pub en provoquant une loi. J'aurais dû me douter que mon sort serait désormais lié à celui de la République.

Bernard, Alain, Jean-Michel, marchands de rêve

Une agence n'est rien d'autre qu'une association de caractères. Elle dure le temps que dure cet assemblage d'ego. La majorité explose avant dix ans, nous aurons la sagesse de résister trois décennies. Qui l'aurait cru en voyant ce casting disparate ?

Bernard Roux est une sorte de Gary Cooper, la démarche de John Wayne et le regard de Glenn Ford en prime. Il s'est trompé de pays et d'époque. Un siècle plus tôt et un océan plus loin, il aurait été un héros du Far West. C'est le viril tendre des héros de John Ford. Ce genre d'homme avec qui l'on rêve de traverser l'Arizona. Quoi qu'il arrive, on sait qu'avec lui, on y parviendra. Bernard allait être mon Billy the Kid. Le tireur d'élite qui me permettrait toutes les audaces en me couvrant de sa Winchester à répétition. Sans cette prise en charge, je serais resté à la croisée de ma vie, hésitant entre la création et le commerce, les frères ennemis de la communication. Mon mariage professionnel venait de décider de mon sexe publicitaire. Je venais d'épouser la finance, j'allais pouvoir en toute quiétude m'adonner nuit et jour à la création.

Si Jean Gabin avait fait de la pub au lieu de faire du cinéma, il se serait appelé Alain Cayzac. Mi-paysan normand, mi-titi parisien, Alain est aussi solide sur ses pattes que malicieux dans ses yeux. Bouillonnant mais pas brouillon, méthodique mais pas méticuleux, glacé mais pas froid, retenu mais contenu, Alain est un torrent qui sait maîtriser les crues. Grand tennisman – il fut l'un des cent meilleurs joueurs français –, il saisit la vie comme on empoigne une raquette. L'entraînement, la concentration, la régularité, la puissance et une inspiration de dernière seconde lui font toujours gagner au dernier set. Il lui manquera le vice pour gagner le dernier match. Grand footballeur, il fut le patron du PSG : un rêve qui finit en blessure. Il y arriva au mauvais moment, avec la mauvaise équipe et le mauvais propriétaire. Il méritait tellement mieux.

Goudard n'a pas le physique de l'emploi. Le publicitaire est à la mode comme la poule au pot. Jean-Michel porte des lunettes d'écaille alors que le courant est aux montures d'acier. Il a la coupe de cheveux et le teint trop nourri des bourgeois 1900. Son tailleur est à Londres mais pas *fashion*, Paul Smith connais pas ! Cet anticonformisme ne fait qu'ajouter à son pouvoir de séduction. Avec lui, on n'est jamais très sûr ni de son temps ni de son monde. C'est la machine à remonter le charme.

La meilleure définition que je puisse donner de lui, je l'ai volée à Topor : « L'intelligence est la canne blanche du talent. Sans elle, il finit toujours par se casser la gueule. » Sans Jean-Michel, je serais resté ce que j'étais : un touche-à-tout incapable de canaliser sa créativité. Il n'en est pas castrateur pour autant.

Lorsqu'il y a un choix, le parti de Goudard est toujours celui du risque. Mais nul n'est plus conventionnel que cet aventurier, plus gauchisant que ce gaulliste, plus perpétuellement inquiet que ce matador du marketing. Tel Manolete, son dieu, il doute et prie avant chaque combat, mais à peine a-t-il frôlé le sable de l'arène qu'il fonce sans jamais reculer. Tel Manolete aussi, seuls les hourras de la foule surexcitée interrompent un instant son cheminement solitaire. Mais il ne se retourne pas.

Dans une parfaite ambiguïté, il assiste à la corrida – son spectacle sacré – en casquette de tweed, complet prince-de-galles et nœud papillon d'Old Bond Street. Car il y a de l'Anglais chez ce Latin comme il y a du poète dans ce « procctérien ». Il s'est échappé de la secte du plus grand lessivier du monde pour épouser la pub. C'est cette « fleur du mal » pour un marchand de lessive qui me fait l'aimer à ce point. Imaginez un poème de Baudelaire en cadeau Bonux !

Il s'adonnera, comme moi, très vite à la publicité politique. Communicant malheureux de Chirac en 1981 et 1988, il le quittera pour accompagner Nicolas Sarkozy, son ami de toujours, dans sa traversée du désert. Il sera à ses côtés en 2007, l'aidant dans sa victoire. Cécilia le remerciera en faisant tout pour l'écarter de son mari. Mais la longue amitié sera plus forte. Cécilia est partie, lui est toujours auprès du président et continue de le conseiller.

Bref, nous étions tous les quatre aux antipodes. Roux est l'eau, je suis le feu, Cayzac est un roc, Goudard un arbre. La vraie complémentarité, c'est de n'avoir aucune gêne à supporter les différences des autres. Elle fut le ciment de notre association.

Dalí, le funambule terre à terre

Se mettre à son compte dans la pub fut un conte de fées. David franchouillards, nous nous battions contre des Goliath planétaires, Havas, Publicis, Young et Rubicam, McErickson... avec, pour toute expérience marketing, le culot et pour toute référence créative, la provoc. Nous fûmes appelés en compétition pour le lancement de la dernière tour du Front de Seine. Une sculpture de béton, d'acier et de verre, véritable objet d'art à habiter à une encablure de celle d'Eiffel. Pour décrocher la timbale, face au poids de mes concurrents, il me fallait la légèreté d'une idée fofolle. Pour illustrer la grandeur et l'anticonformisme de l'immeuble, je cherchai une écriture picturale plus poétique que les secs croquis d'architectes habituels. J'osai Dalí et proposai de baptiser le building Totem selon le vocabulaire du génie catalan, en lui demandant d'en être le parrain et le peintre.

Convaincre l'aréopage de la Caisse des dépôts et consignations que seul le maître du surréalisme moderne pourrait faire vendre une opération dans laquelle ils investissaient des millions tenait du miracle. Le miracle eut lieu, nous emportâmes le marché. Restait un second miracle. J'avais vendu Dalí portraitiste du Totem, il me restait à vendre le Totem à Dalí.

Il prenait ses quartiers d'hiver à New York, au St Regis. Je sautai dans l'avion et m'installai à l'Algonquin, la cantine des écrivains et des grands publicitaires américains. Je mis deux jours à joindre le feu follet. Je tremblai en lui déroulant mon histoire. Il m'interrompit assez vite d'une réponse à la Dalí :

— Je vous verrai à 5 heures au Palm Court. Mettez une cravate rouge.

— Bien, maître.

— A cet après-midi, monsieur Gimenez.

— Mais je suis monsieur Séguéla.

— Non, vous êtes Gimenez. C'est votre nom de code. Ne vous faites jamais appeler autrement devant moi.

Le Palm Court est à New York ce que Bonnevie était à Perpignan au temps de ma jeunesse : le salon de thé le plus huppé de la ville. Je pris la seule table libre, près de l'orchestre. Dalí ne se fit pas attendre. Il avait le sens de l'imprévisible, mais aussi de l'exactitude : *business is business*. Il traversa la salle, cape au vent, canne au poignet, et arriva sur moi, seul de l'assistance à arborer une cravate pourpre. Une Japonaise sensuelle et muette l'accompagnait. A peine fut-il assis qu'une silhouette chétive au teint blafard de noctambule, la mèche oxygénée, les yeux convergents sous des lunettes d'hypermétrope aigu, engoncé dans un sweat-shirt gris sous un smoking délabré, s'éjecta d'une table voisine et vint présenter ses salutations. C'était Andy Warhol. Dalí n'avait d'yeux que pour ses baskets élimées, barrées de deux bandes jaunes phosphorescentes. Dans un souffle qui fit vibrer l'extrémité de ses moustaches cosmétiquées, le chantre de la gare de Perpignan psalmodia :

— Quel jour psychédélique que celui-là ! Le plus grand lithographe industriel vivant vient présenter ses respects au plus grand horloger mou de l'espace sidéral ! Le peuple de New York, la Sodome du Nouveau Monde, vit une page transcendantale de l'histoire de l'art !

Andy Warhol, que plus rien n'étonnait dans la vie, jeta un simple :

— Oh, yeah !

Le chef d'orchestre vint à son tour s'enquérir obséquieusement de l'air préféré du maître qu'au même instant on comblait de pâtisseries. Je me croyais au Châtelet.

Salvador Dalí m'apparut dans ce décor suranné, assis entre une déesse jaune et un dieu roux, plus vrai que nature. Je l'avais aperçu quelquefois, en représentation à la télévision ou lors d'un de ces vernissages burlesques dont il était l'inventeur, mais je n'imaginais pas qu'il puisse tenir ainsi la scène vingt-quatre heures sur vingt-quatre. Le premier génie de Dalí était bien de donner du génie à chaque seconde. Que ne fût-il exposé au Louvre en même temps que ses montres molles et sa *Crucifixion* !

Seule idée fixe dans sa macération d'idées virevoltantes, l'avidité du dollar. Ses premiers mots le trahirent :

— Où est la valise ?

— Quelle valise, maître ?

— La valise de dollars. Comment ! Ne savez-vous pas que l'on ne se présente jamais à Dalí sans une offrande dédiée à son art supranormal ? Sinon, pourquoi êtes-vous ici, homme malingre ?

Je tentai vaille que vaille d'exprimer la raison de ma venue, une publicité pour une tour. Dalí me fit taire.

— J'ai une haine surréaliste pour la publicité, et la même surmultipliée pour les tours. Je ne suis pas sûr de pouvoir poursuivre cette rencontre. Avant de proférer un mot de plus, humble Gimenez, il vous faudra passer les épreuves initiatiques de Dalí.

Je blanchis, ma pub s'envolait et mon annonceur à sa suite, sans même l'espoir d'un remboursement de mes frais de voyage. Que faisais-je dans ce monde surréaliste, si loin de la surréalité du monde des affaires ? La première des épreuves m'attendait sur l'heure. Entre un éclair au chocolat et un mille-feuille à la pistache, le maître me présenta sa geisha qu'il avait surnommé Sayonara (bonjour en japonais).

— Sayonara a un don extraterrestre, fit-il, c'est pour cela qu'elle a voué son mental à Dalí. Elle a le sixième sens, celui des mains de la déesse de l'amour.

Et la Nippone de s'exhiber sur-le-champ, en me montrant l'agilité de ses doigts qu'elle tournait à 90 degrés comme une danseuse balinaise. Après le Châtelet, c'était le théâtre nô.

— Vous ne pouvez pas savoir les sensations fourmillantes que ce don peut procurer, poursuivit Dalí. Avez-vous déjà été branlé à l'envers ? Sayonara va vous ouvrir le royaume inverse de Dalí.

La fille du Soleil-Levant se précipita sur ma braguette. Je ne suis pas raciste en amour, mais se faire manipuler sous la table à cinq heures de l'après-midi en plein Palm Court de New York sous les yeux malicieux d'Andy Warhol vous coupe le souffle sans parler du reste. Le théâtre nô devenait du *live show*, je risquais le flagrant Dalí...

Par bonheur, le maître interrompit presque aussitôt le supplice nippon.

— Vous avez triomphé de la première épreuve, Gimenez, ricana le maître. Revenez demain au même solstice.

Je m'attendais au pire. Je ne fus pas déçu. Le lendemain, Dalí me guettait dans le hall.

— Pas de five-o'clock, me dit-il. Gala m'attend. Venez.

J'espérais que le maître allait me présenter sa femme. Tous ceux qui ont eu à traiter avec lui savent que c'est le signe d'un dénouement heureux. Je respirais. Dalí ne me conduisit pas à sa muse mais à une horrible petite vitrine, comme il n'en fleurit que dans les halls d'hôtels américains.

— Vous apercevez ce panier à cerises ? murmura-t-il, il a sensuellement marqué Gala. Nous vous attendons demain au St Regis.

Je regardai l'objet. C'était un immonde bibelot en céramique et plaqué or qui me donna instantanément la nausée. Je me précipitai à la boutique. J'y arrivai à dix-huit heures. Nous étions vendredi, elle était fermée pour le week-end. Je mis la nuit à trouver le numéro de téléphone du propriétaire, parti à la campagne. Et la journée suivante à le convaincre de revenir exceptionnellement ouvrir son magasin. La facture fut transcendantale : huit cents dollars pour une poignée de cerises. A tout prendre, je préférais la première épreuve.

Le matin suivant, je fus introduit dans le saint des saints, la suite du maître. Sur un canapé victorien, détonnant sur la moquette chamarrée et ondulante dont aucun palace américain ne saurait se passer, trônait Gala. Elle était le remake de ces héroïnes des contes noirs allemands, un grand oiseau funèbre replié sur ses ailes, l'œil rapace, la lèvre crochue. Elle me glaça le sang. Si je n'avais pas su qu'elle avait été l'égérie d'Eluard et que, sans elle, Salvador ne serait sans doute jamais devenu Dalí, je n'aurais rien compris à cet amour fou que le peintre lui portait encore à soixante-dix ans.

Gala ne jeta pas un regard à mon offrande mais Dalí fut délicieux. Nous convînmes de tout en dix minutes. Ils devaient rentrer tous les deux à Paris d'ici trois semaines, c'est là que le maître exécuterait sa toile. Prix de l'œuvre : cent mille francs, tous droits d'utilisation et la possibilité d'user du nom et de la signature du peintre. Je ne regrettais pas mon rallye initiatique new-yorkais.

Le maître tint parole : il exécuta sa toile en une dizaine de jours dans sa suite de l'hôtel Meurice. Il trouva même le temps d'en peindre une seconde. « Dalí, me dit-il, ne peut peindre la pub, cet ersatz de l'art, que de la main gauche. Il faut m'occuper ma main droite. » La rédactrice de la campagne était une grande blonde pulpeuse. Elle désirait connaître Dalí. Dalí la garda, lui demandant de poser nue pour lui. Elle ne sut refuser. Tous les après-midi, une semaine durant, le maître la pria, en tout bien tout honneur, de revenir afin d'achever son portrait. Le dernier jour, il lui montra son œuvre. Il n'avait peint que son sexe.

Il ne manquait plus à cette surréaliste histoire qu'un dénouement réaliste. Le destin nous l'offrit. Dalí m'avait demandé un paiement moitié en francs suisses, moitié en Bouguereau, son peintre pompier préféré. Il voulait une de ses toiles pour son musée de Figueras et tenait à pouvoir choisir entre plusieurs œuvres.

Je battis donc la campagne et mis la main sur trois chefs-d'œuvre du maniérisme. Il y avait parmi eux une baigneuse 1900 aux cuisses veloutées qui fit frémir Dalí. Ce fut son choix. Le vendeur m'assura qu'elle venait de la cour de Hollande. Je crus aimable de faire connaître à la famille royale le sort du tableau et leur mis un petit mot pour les prévenir de son prochain accrochage au musée de Figueras. Je reçus par retour de courrier une lettre assez sèche m'indiquant que la baigneuse n'avait jamais quitté la Hollande et se trouvait toujours dans la salle à manger du palais. Le Bouguereau qu'avait choisi Dalí était un faux !

Gainsbourg, le troubadour noctambule

Mon itinéraire publicitaire fut ainsi jalonné de poètes. Normal, j'ai toujours pensé que la pub devait être le troubadour moderne de la consommation. Baptisé par Prévert, le saltimbanque des mots, auréolé par Dalí, l'illusionniste des images, il manquait à ma galerie de parrains le prestidigitateur des mots et des sons : Gainsbourg.

Woolite me l'offrit. Nous étions en 1978. Dix années de capitalisme douillet avaient enlaidi nos utopies de soixante-huitards. La France se vautrait dans le bonheur de vivre, la pub était son loukoum quotidien. Je cherchais une grande campagne qui stigmatiserait ce culte de l'imaginaire que je prônais à longueur d'interview.

Pour un chanteur de charme, le rêve impossible est d'écrire un opéra, pour un écrivain intello de faire un film à succès populaire, pour un publicitaire de faire une campagne de lessive qui n'annone pas : « Je lave plus blanc. » Je proposai à Jean-Léonard Bonzon, le président de Woolite, d'oser : « Je lave plus belle » et de le faire dire à tour de rôle, spot après spot, par le charme de nos stars.

Jane Birkin ouvrit le bal moussant. Pour créer le buzz, je décidai Serge, pour ses premiers pas cinématographiques, de faire tourner celle qui lui avait fait tourner la tête. Il rêvait de long métrage, débuter par un trente secondes lui sembla un bon exercice. Il accepta sans se douter qu'il est plus difficile de réussir un spot qu'un film. Il me demanda de l'aider.

En allant travailler chez lui, rue de Verneuil, à Saint-Germain-des-Prés, je retrouvai la même excitation que celle qui me saisissait lorsque je prenais le chemin de Pigalle pour rejoindre Prévert. Seule l'heure changeait. Prévert était un oiseau de jour levé avec le soleil, Gainsbourg un oiseau de nuit, levé avec la lune. Interdit de le réveiller avant minuit, il achevait une sieste commencée vers dix heures. Le rite était immuable. En voiture, direction Elysée Matignon, le club du moment. Dîner léger et whisky lourd, puis descente à la cave où l'attendait sa cour de journaleux noctambules, de musicos camés, de parasites de passage. Jane virevoltait au-dessus du cercle noir des « fumeurs de havane », partageant sa nuit entre des tours de piste solitaires et ses remontrances à Serge : « Tu bois trop, Serge, tu fumes trop, Serge. »

Trois heures du mat, changement de crémerie, de beuverie pour être plus juste, direction un bar à putes des Champs où Serge était reçu comme le prince des ténèbres. C'était la pause champagne avant de prendre le chemin du retour.

Quatre heures, un petit dernier pour la route dans une nouvelle boîte, le temps de susurrer trois mots et siroter trois verres avant de se retirer titubant au bras de sa Jane… d'Arc.

Cinq heures, arrivée chez lui. Une douche et au travail. Et soudain Serge n'était plus Gains-bars mais Gainsbourg. Dégrisé comme par enchantement, il se mettait à écrire d'un jet une chanson comme sous la dictée. Etait-ce Rimbaud, était-ce Céline ? Il remplissait sans la moindre correction les pages de l'encre noire de son Waterman à plume. Sa nuit n'avait été qu'une longue maturation. Je me tenais muet de sommeil et d'admiration lorsqu'il me réveillait d'un :

— Et maintenant, passons à la pub.

Les séances de travail se répétèrent trois ou quatre fois, nous écrivîmes ensemble une dizaine de scripts. Un petit matin, il me dit :

— On peut tourner quand tu veux.

Mon annonceur choisit dans le tas un de nos story-board en criant au génie. Il ne fut pas déçu. Serge tourna une onzième version qu'il n'avait révélée à personne. Pas un film de publicité, un film d'amour. J'assistai, médusé, à la scène. Il obligea Jane à se mettre nue sous mes yeux et ceux de toute l'équipe de tournage. Jean-Léonard Bonzon, plus attiré encore par les femmes que par la lessive, en tremblait de désir. Serge avait fait tricoter une longue écharpe de laine bleu et blanc aux couleurs de Woolite. Il en entoura sa compagne juchée sur un socle tournant. Un assistant tenait, hors champ, un bout du cache-col géant. A chaque tour, Jane se dévêtait un peu plus. C'était beau et troublant sans jamais être ni impudique ni vulgaire. Le film s'arrêta lorsque nue elle tournait le dos, sans qu'on ait pu rien voir de son intimité. Le film eut le plus fort impact qu'ait jamais connu, en France, une pub lessivière. La presse fut emphatique, la profession euphorique. Seules les ventes boudèrent. Nous avions oublié notre cible : la consommatrice. Elle refusa d'être traitée d'objet sexuel, fût-ce par le poète le plus amoureux d'elle.

Ce ratage ne fit que renforcer mon amitié gainsbarienne. Nous sortîmes soir après soir, pour toujours le même périple qui me ruinait la santé. Serge ne se levait pas avant quatorze heures, moi j'étais au bureau à huit heures la bouche rêche, le teint froissé, les yeux fripés. Qu'importe, j'eus le privilège de découvrir la personne derrière le people. Serge était le contraire de l'image qu'il donnait. On le jugeait macho et sombre, il était tendre et drôle. On le pensait malsain et brouillon, il était idéaliste et d'une rigueur professionnelle maniaque. On le voulait rusé et laid. Il était naïf et beau. On le croyait poète, il était poète. Comment ne l'avez-vous pas compris, madame la ménagère de moins de cinquante ans ?

Toute création est régressive, c'est bien ce que les non-créatifs lui reprochent. En tout artiste ne règne-t-il pas un rebelle ? Gainsbourg sans Gainsbar n'aurait jamais été qu'un grand faiseur de chansons, comme Trenet, comme Goldman. Geste puéril et cependant profond que ce billet de cinq cents francs brandi face à la caméra pour stigmatiser la société de consommation qui le faisait vivre. Pour l'avoir fait flamber en direct, comme il brûlera *La Marseillaise* et tant d'autres tabous, il deviendra, au-delà du musicien doué, l'étendard de son temps. Ainsi vécut le troubadour des Temps modernes. Se consumant pour mieux nous enflammer. Son don était d'abord le don de soi : de livrer en pâture sa laideur, sa soûlographie, sa dope. Il ne pouvait créer que dans ce feu qui le dévorait et allait inévitablement le réduire en cendres.

Notre deuxième tentative publicitaire fut plus rocambolesque encore. Je rêvais d'un grand budget mondial devenu le témoin de notre *french touch*. Je jetai mon dévolu sur Bic.

Il me fallut quinze jour de harcèlement téléphonique pour obtenir un rendez-vous de quinze minutes avec le baron Bich. Car Bic était un homme avant d'être une marque. Fortune faite et presque octogénaire, l'empereur du stylo à bille arrivait à son bureau tous les matins à sept heures. Je fus reçu dans une pièce qui tenait plus du réfectoire de mon collège de jésuites que de la salle de conférences d'un holding international. Le baron était un fétichiste. Ayant démarré dans une petite usine délabrée de Levallois-Perret, il n'accepta de la quitter que pour traverser la rue et construire en vis-à-vis un building en pierre de taille et marbre. Le tout avait des allures d'une maison de la culture soviétique. Quant à l'ameublement, il était aussi ringue que bancal, le maître de céans exigeant qu'aucun des meubles de ses débuts ne soit changé.

Bich était un géant. Carrure de bûcheron canadien, trempe de hussard napoléonien et brutalité joviale d'Irlandais. Le physique était celui des sculptures compressées de César. Mais les neurones avaient toujours vingt ans.

La célébrité vieillit toujours son homme. Je l'avais imaginé en vieux président chevrotant. J'avais devant moi un corsaire sans âge, prêt à m'envoyer d'une pichenette à l'autre bout de la pièce.

Mais la surprise fut une petite boule rouge ornant son crâne derrière l'oreille, un vieux kyste rebelle sans doute.

L'annonceur portait dans sa chair la publicité qui l'avait rendu célèbre. Pour ajouter au picaresque, l'inventeur du rasoir jetable arborait un costume bleu pétrole à fines rayures crème qui me rappelait les complets-veston de Luis Mariano à la ville comme à l'écran. J'étais scotché.

— Que me voulez-vous ?

— Vous parler de votre publicité.

— Je déteste les gens qui parlent de publicité. La bonne publicité parle d'elle-même. Si vous avez quelque chose à me montrer, allez-y, sinon restons-en là.

La glace était rompue, voire déjà brisée. J'appuyai sans un mot sur le commutateur du lecteur vidéo, Serge Gainsbourg apparut sur l'écran. Hirsute, mal rasé, il nous regardait malicieux.

— Je suis un produit de consommation, murmurait-il. Toute ma vie je me suis vendu. J'ai vendu mon âme au diable. J'ai vendu mon inspiration à la chanson, j'ai vendu mes poumons à la cigarette, j'ai vendu mon cerveau à l'alcool, j'ai vendu mon sexe aux femmes... Et aujourd'hui j'ai vendu ma barbe.

Saisissant un blaireau, Gainsbar se moussait les joues et entreprenait de se raser. Gros plan sur son visage. Gros plan sur le rasoir, on n'entendait que le crissement de la lame qui surfait sur sa barbe. Alors venait la chute :

— Mais pas à n'importe qui. A Bic...

Il occupait maintenant tout l'écran. Rasé de près. Rajeuni de dix ans. Il concluait le film d'un inénarrable slogan :

— Vendez votre barbe à Bic...

Serge m'avait fait le cadeau de tourner lui-même ce pilote. Avec son obsession du beau. Ce n'était plus une maquette, mais un spot prêt à diffuser. Tout autre annonceur que Marcel Bich aurait émis une appréciation, lui trancha là :

— Autre chose ?

— C'est tout, monsieur le baron.

— Eh bien, à une autre fois, monsieur Séguéla.

Je restai seul dans la salle de réunion monacale et kitch. Je repris ma cassette et descendis l'escalier lorsqu'une secrétaire vint me dire que MB m'attendait dans son bureau. Je parcourus, haletant, les couloirs de l'étage et frappai à sa porte. Elle s'ouvrit électroniquement. J'entrai. Je crus m'être trompé de lieu et de siècle, j'étais à Versailles. La pièce était immense, peut-être dix mètres de long et pas moins de huit mètres de hauteur sous plafond. Une dizaine de tapisseries d'Aubusson couvraient les murs de bas en haut. Le seul pan dégarni abritait une cheminée géante où brûlaient des arbres entiers. Je sus plus tard qu'elle était plus incinérateur que chauffage central. Le baron s'en servait pour détruire toute pièce qu'il ne voulait pas que l'on connaisse. Pas un seul siège pour le visiteur afin de raccourcir le temps des visites. Pour le maître de céans un bureau Haute Epoque avec son fauteuil massif assorti : un décor de film d'Orson Welles.

Bich marchait de long en large. Je crus bon de lui emboîter le pas. J'étais parti pour un étrange voyage.

— Appelez-moi John à Londres et Bruno à New York, dit-il subitement.

C'étaient ses deux fils.

Je me retournai. Il n'y avait ni secrétaire ni téléphone dans la pièce. C'était James Bond. Mon hôte allait engager un fascinant triplex avec l'Angleterre et l'Amérique. Les voix de correspondants arrivaient au milieu du bureau par le truchement de haut-parleurs cachés. Sans cesser d'arpenter la pièce, le baron raconta le film. Avec une mémoire prodigieuse, il mentionna chaque détail du script, chaque mot du dialogue qu'il n'avait fait que survoler :

— Parlez-en ce soir à votre femme et à vos enfants, dit-il en même temps à John à Londres et à Bruno à New York, et téléphonez-moi demain.

Le lendemain il me rappela.

— Mon fils Bruno vous attend à New York. *Good luck !*

Je pris le Concorde dès le lundi suivant, je retrouvais Bich junior dans ses bureaux de Manhattan. Je lui montrai le film. Il prit un temps, puis sourit.

— C'est drôle votre spot mais vous devriez savoir que pas un Américain ne connaît votre Gainsbourg.

Décidément, la poésie franchit mal les frontières. La naïveté aussi.

Tapie, l'acrobate

Je connais trop les coulisses du Bernard Show pour me laisser abuser par la légende. Il y a deux Tapie, le public et le privé. C'est le privé que j'ai aimé, avant que le public le submerge, jusqu'à le noyer. D'ordinaire la réussite atrophie le cœur dans le même temps où elle hypertrophie la tête. Mais le killer chez BT s'arrête aux frontières du business. Sa famille et ses rares, très rares amis sont ses protégés envers et contre tout, sans que son égocentrisme reste au vestiaire. Son amour-propre passe avant son amour mais il aime. Et, soudain, les plombs pètent, il s'obscurcit, s'obstine, se ferme. Le rideau de fer est tiré, il n'y a plus personne à l'adresse indiquée.

On ne sort pas d'une enfance menée à la dure par un père communiste et chauffagiste à La Courneuve sans attaches populaires. Bernard a ses origines dans le sang, l'intelligence de l'instinct plus que celle de la culture, le charme plébéien plus que l'élégance, une gueule plutôt qu'une beauté et, en prime, l'énergie à nulle autre pareille de ceux qui ont manqué. Tapiphiles ou tapiphobes, force est de reconnaître qu'il nous a fait vivre, à notre cœur battant et souvent notre esprit défendant, l'un des plus beaux contes médiatiques de notre fin de siècle. Gosse de rue habité par la gagne, il mettra vingt ans d'acharnement à gommer ses débuts difficiles de crooner resté sur le banc de touche. Il ne rencontrera son destin qu'en quittant la scène des saltimbanques pour celle des affaires. Et quelles affaires !

Son bonheur fut-il au rendez-vous ? Il rêvait d'être Frank Sinatra, il jouera les Rockefeller avant de vouloir être Mitterrand II et de finir en Jean Valjean malgré lui. Son safarifric piégera sa passion, sa chasse au pouvoir emprisonnera son âme. Il se fera nouveau riche pour n'avoir pu être disque d'or. « *There is no business like show business* », fredonnait déjà Marilyn. Le succès lui venant du business, il n'y trouvera pas le plaisir espéré. S'il n'avait pas déserté le monde de l'entreprise pour celui de la politique, il serait aujourd'hui le patron respecté d'Adidas dont il aurait multiplié en tous sens les activités. Mais il n'avait pas cette passion, et sans passion Bernard n'est plus Tapie.

Il m'a hypnotisé dès notre première rencontre. Une fascination qui ne va ni à l'animal médiatique – j'ai trop tiré les mêmes ficelles pour être dupe – ni au monstre sacré du business world – j'ai fréquenté trop de magnats pour me laisser bluffer. C'est l'homme qui m'a touché. Par ses vertus comme par ses vices, par ses faits d'armes comme par ses méfaits, par ses coups de cœur comme par ses coups tordus. J'ai, en amitié, une conduite tous risques. J'aime mes amis autant pour leurs défauts que pour leurs qualités. Sinon qui resterait-il à aimer ? J'allais être comblé. Fréquenter Bernard exige d'entrer dans son jeu, donc de supporter ses caprices et ses exclusives, son narcissisme et son égoïsme. En retour, c'est quitter le petit manège du quotidien pour prendre place sur le grand huit des frissons. Sage précaution : laisser son ego au vestiaire. Il n'y a jamais qu'un pilote dans l'avion, BT. Mais pas un seul déjeuner, dîner où il ne m'ait étonné, pas un jour de vacances où il ne m'ait vivifié.

Le plus jouissif restant de le voir à l'ouvrage : plus despote tu meurs, mais plus talentueux, ça n'existe pas. Ainsi, sans avoir jamais commis de télévision, avec sa gueule comme sésame et son culot en bandoulière, il réussit à convaincre Patrick Le Lay de lui confier, pour sa première émission, un prime time de la une, en direct. Pas une autre vedette du petit écran ne peut revendiquer cet exploit. Titre : « Ambition ». Objet : Redonner aux Français le goût de la création d'entreprise. Sujet : Aider un jeune dont le rêve était... un élevage de vers de terre. Comment trouver plus saugrenu ? Et pourtant, l'audience battra la chamade et les critiques leur coulpe, eux qui prédisaient le fiasco.

Nous nous retrouverons à Bercy pour le tournage. J'étais le publicitaire de service avec mission d'improviser une campagne sous les yeux des téléspectateurs et de l'offrir au candidat à la fortune.

Tapie surgit à vingt heures quarante-cinq dans les vestiaires du stade. Dans la salle, quatre mille spectateurs l'applaudissent debout. Nanard va snober toute la profession en se livrant, pour ses premiers pas télégéniques, au pire des exercices, marcher en parlant plein cadre face caméra. Je l'entendis, dans une tirade de près de dix minutes, parlant du mal français et de ses causes, tracer un bilan tragi-économique. Pour mieux en appeler au sursaut. Ainsi a-t-il énuméré les grandes inventions françaises de la machine à vapeur au moteur à explosion, à l'avion, la photo, le cinéma, la télévision. Autant de trésors dont nous nous sommes laissé déposséder. « Inventons demain », conclura-t-il. Les mots résonnaient dans ma tête : ils étaient intégralement extraits de mon dernier livre. Il ne me citera, ni ne remerciera jamais. Ainsi va Tapie, éponge de vos idées, suceur de vos conseils, refusant tout partage de paternité. Suis-je si différent de lui ?

On peut détester BT, mais comment lui refuser le titre de star ? Il a ce don de gueule qui, plus que la beauté, enflamme les cœurs. Dès notre première rencontre, il me fit penser à Anthony Perkins ou plutôt à sa pub. Les studios hollywoodiens le lancèrent sur ce slogan : « Aucune femme au monde ne pourra résister à l'envie de caresser les cheveux de cet homme. » J'eus cette envie en voyant Bernard. Le plus des divas est de créer cet irrépressible besoin de les toucher. Autre spécificité de ces grands fauves : l'instinct de la formule. Pas de ces petites phrases laborieuses et appuyées de nos politiques, concoctées par des conseillers inquiets et rédigées par des nègres usés. Mais cet art de la repartie impromptue et cinglante. De cette authenticité un peu gouailleuse, il fera son fonds de commerce médiatique. Il y a du Coluche dans Tapie et cette même façon, sans façon, de vous déchirer d'une phrase.

Cette arme fatale ne manquera pas d'effet dans l'univers collet monté de la planète business. Il la séduira par sa gouaille en la surprenant par son efficacité. Et la méthode fera florès. Ainsi sa reprise de Wonder. Arrivé en hélicoptère dans la cour de l'usine, il lança à tous les cadres désemparés :

— En général, le repreneur dans une affaire, on ne le voit pas. Moi je suis venu vous dire ceci : mon holding est une société en nom collectif, j'en suis donc responsable sur mes biens personnels. Si je réussis, je suis riche, si je perds, je suis ruiné. J'ai cautionné un demi-milliard de dettes. Des gens qui ont cinq cents millions il y en a plein, mais ils vont plutôt les mettre en Suisse. D'ailleurs, ce sont les trois quarts du temps ceux à qui j'achète leur entreprise. Alors, dites-vous bien une chose, nous allons gagner.

Et il gagnera. En deux ans la société passera de 250 millions de pertes à 250 millions de bénéfice et deviendra le premier groupe européen de piles. Sa revente rapportera 700 millions à son sauveur et autant à son partenaire Francis Bouygues, le bailleur de la mise de fonds (60 millions), car BT n'aura mis que son génie dans l'affaire. C'est justement son génie.

Ce sera l'occasion de ma première pub pour lui. Dès son retour de l'usine, il me lança :

— Trouve-moi une idée lumineuse, il s'agit de piles.

— Quel délai ?

— Il nous faut être à l'antenne dans quinze jours, je veux frapper les esprits.

— Impossible, Bernard.

— Impossible n'est pas Tapie.

Mon premier réflexe fut de le mettre à contribution. Pourquoi se priver d'une star gratuite, le succès de mes campagnes pour Afflelou m'avait montré la voie. Tapie est l'énergie faite homme, d'où la facétie de lui mettre deux piles géantes dans le dos pour le faire avancer. Nanard franchissait au pas de charge le couloir de son bureau. En guise de bonjour, il fusillait du regard son assistante. Pour se venger, elle lui retirait au passage une pile et le mettait au Tapie.

— Tu as trouvé. On tourne vendredi, conclut-il.

Mais lorsque je lui montrai le devis, il le déchira sur-le-champ.

— Tu me fais ça à moitié prix.

— Impossible, Bernard.

— Je te l'ai déjà dit : impossible n'est pas Tapie. Ton réalisateur, prétendument number one, coûte une fortune. Trouve-moi un petit jeune de ton équipe qui le fera gratos.

Un art director de l'agence, Eric de La Hosseraye, devenu depuis number one, mais qui alors n'avait jamais tourné, releva le gant. Tout se mit en place en quarante-huit heures. La scène difficile était la chute de BT, il fallait que la caméra soit « pile » dans le mouvement. D'autant que Wonder Boy, en tombant, trouvait le temps de faire un clin d'œil à son cher public. L'apprenti réalisateur rata sa première, puis sa deuxième, puis sa troisième prise. Blanc de colère, Bernard me prit à part :

— Demande à ton génie en herbe d'aller prendre un café, je vais finir le spot moi-même.

BT n'avait jamais touché une caméra professionnelle de sa vie, il se mit à régler l'éclairage, changea l'angle de prise de vues, donna ses directives au caméraman et au preneur de son et se mit en place pour le shoot. Dix secondes plus tard, il tombait synchro face caméra dans un sourire complice.

— C'est dans la boîte, cria-t-il à la ronde en se relevant.

— Bravo, Bernard, enchaînai-je. Tu en fais une seconde. En cas.

— Pas d'en cas, on plie, je déteste les redites.

Si la prise avait eu le moindre défaut, le film passait par pertes et profits. Il n'en fut rien. Salieri ou Mozart, persiflaient ses détracteurs. Pour le bien connaître : il frime comme l'un mais est doué comme l'autre. Dès lors, plus dure sera la chute. La politique est une pythie qui se nourrit de chair fraîche. Comment se serait-elle privée de ce morceau de choix ?

Bernard entamait ses belles années, jouant avec génie sur les trois tapis verts médiatiques : l'entreprise, le sport, la télévision. Des journalistes subjugués, il fera des marchands de Tapie qui le sacreront superstar de cette société narcissique que furent les eighties. Tout aurait pu, aurait dû, en rester là. Mais le démon de la politique allait entrer dans la danse et la rendre funeste.

Il me téléphona avec son sans-gêne habituel :

— J'ai un double service à te demander. Organise-moi deux déjeuners, l'un avec Giscard, l'autre avec Mitterrand. Avant d'entrer sur le circuit, je veux connaître nos deux champions du pouvoir.

Giscard ouvrit le tournoi. Le match eut lieu chez moi. L'ex-président servit le premier.

— Comment devient-on aussi célèbre qu'un président de la République en faisant simplement des affaires ?

15 à 0. Bernard frémit et répondit, malicieux :

— En communiquant mieux que les hommes politiques.

15-15. L'ex-président sourit et posa la question de fond :

— Votre recette de sauvetage des entreprises est-elle applicable à la société anonyme France ?

BT n'entreprend jamais son numéro de conquête sans avoir au préalable déstabilisé son interlocuteur. D'un trait, il frappa le colosse Giscard en son talon d'Achille, le snobisme.

— Président, l'une de mes grandes chances est d'avoir subi l'injustice, mais au lieu de m'anéantir, elle m'a galvanisé. J'en ai éprouvé la haine de l'establishment, ces nantis de la noria de la finance. Je les vomis parce qu'ils sont lâches, égoïstes et pas très intelligents.

Tapie eut droit à une moue, du genre « on oublie ça, jeune homme, mais vous avez intérêt à m'étonner ». Bernard le sentit, se radoucit, se livra.

— A mon sujet, il y a les optimistes et les pessimistes. Les pessimistes m'expliquent que dans trois ans j'aurai disparu. Les optimistes m'en accordent cinq. Ils oublient deux choses, ma chance et ma méthode.

Suivit un cours d'économie appliquée. Jamais aucun patron ne fit, sous mes yeux, une démonstration de management aussi synthétique.

Un : auditer l'entreprise malade ; la force des grands chirurgiens est d'opérer les cas sauvables et de ne jamais s'engager dans une intervention désespérée. Evident !

Deux : analyser chaque collaborateur de l'entreprise, non selon sa fonction, mais selon sa capacité. Dès lors, annuler la hiérarchie en place, décider de l'organigramme idéal de redressement, remplir les cases selon les compétences, virer les inutiles et combler les manques par de l'embauche de qualité. Elémentaire !

Trois : piloter la nouvelle machine en double commande (auditeurs et nouvelle équipe). Mais dès que le moteur tourne, leur faire quitter la place. Les conseillers ne sont pas les payeurs. Efficace !

Quatre : s'assurer que le produit est compétitif et en phase avec le marché, sinon inventer un nouveau produit. Essentiel !

Cinq : rester souple, prêt à réagir et à s'adapter sans cesse. Indispensable !

Six : trouver l'énergie nécessaire à cette mise à feu là où elle est la moins chère : dans la communication. Quatre-vingt-dix pour cent des gens font un travail qui les ennuie et, pour tout arranger, mal payé. Rien de meilleur pour les motiver qu'une image sacralisée de l'homme qui les emploie. Alors, en se médiatisant, on médiatise l'entreprise, les ventes repartent. Génial !

L'herbe est toujours plus verte ailleurs. Dans le même temps où je sentais BT rêver aux dorures élyséennes, je sentis VGE nostalgique de ce monde, si loin de lui, des affaires. Je ne transmis jamais à Bernard l'éloge que lui fit VGE lorsqu'il fut parti. Je ne tenais pas à perdre mon ami d'un mal de (grosse) tête. Raymond Devos n'ironisait-il pas : « Les grands hommes ne sont jamais prétentieux. Est-ce que je le suis, moi ? »

La deuxième rencontre eut lieu sur le même terrain quelques jours plus tard pour un déjeuner à trois. Le président en exercice mit plus de temps à se décider, son entourage le mettant en garde contre ce frimeur sans vergogne. Il m'avait prévenu que son temps était compté et que nous nous séparerions vers quatorze heures trente. Je connaissais les coups du père François, cette précaution horaire était sa porte de sortie si son interlocuteur l'ennuyait. Mitterrand allait nous quitter à seize heures trente, preuve que Bernard avait mérité la finale. Mais quel match !

BT servit le premier :

— Ce que je n'aime pas chez nos dirigeants, c'est qu'ils demandent de plus en plus aux sondages de gérer la France à leur place.

Le Président monta aussitôt au filet :

— Mon cher Tapie, vous avez une curieuse vue du pouvoir. Les sondages ont de la mémoire mais pas d'intelligence. Ils ne savent pas décider, ils informent et encore ne lisent-ils que le passé, jamais l'avenir. Pâle photocopie de ce qui s'est fait, ils sont bien incapables de dicter ce qui est à faire. Le sondagite est un mal du temps, le temps la guérira.

Bernard lifta :

— J'entends, monsieur le Président, mais ce n'est pas la France qui est malade, ce sont les Français. Ils sont nombrilistes, conservateurs et désorganisés. Trois défauts majeurs qui expliquent mon pessimisme.

Mitterrand sourit, de ce plissement de paupières qui, d'un coup, lui ôtait son masque présidentiel pour dévoiler l'homme.

— Certes, les Français sont nombrilistes, conservateurs et désorganisés comme vous, comme moi. Mais ils sont aussi généreux, novateurs, imaginatifs, comme vous, comme moi. A ceux qui les influencent de leur montrer le meilleur d'eux-mêmes et non le pire. Et cela est plus facile pour vous que pour moi. Vous avez le champ libre, je suis obligé dans chacun de mes actes, chacun de mes mots de tenir compte de tant de forces opposées. Comment oublier le rôle de la France dans le monde, le jeu de l'Europe, la pesanteur administrative, le poids des hommes qui m'entourent, les promesses de mon parti, les coups bas de mes adversaires ? Vous savez, gouverner est l'art du compromis. A mon poste, on n'obtient rien de force.

— Compromis pour compromis, smatcha BT, qu'attendons-nous pour constituer un gouvernement où siégeraient côte à côte Chirac et Bérégovoy, deux hommes de cœur, mais aussi Raymond Barre et Laurent Fabius, deux hommes de tête ?

Le Président reprit la balle au bond et marqua le point.

— Vous oubliez que le pouvoir ne se partage pas. La cohabitation est une hypocrisie que les Français aiment bien parce qu'elle les rassure, mais qui est la plus grande paralysie que puisse connaître un Etat. Seule la cogestion est possible. D'autant que la France ne connaîtra plus jamais cet état de grâce qui me fut offert – un président disposant de la majorité de son parti à la Chambre. Le plus grand parti de France, les socialistes, ne dépassera jamais 40 %. Il faudra donc bien un jour s'entendre entre voisins. S'entendre, et non se supporter.

Le même inventera l'ouverture quelques mois plus tard. Ce ne sera pas une réussite. Jean-Pierre Soisson n'est pas Bernard Kouchner, mais l'idée était lancée, Nicolas Sarkozy la reprendra au bond.

Nous étions en septembre 1987. Le Président se déclarait non-candidat à sa réélection. Je sentis néanmoins durant ce déjeuner, qui dépassait l'heure prescrite, qu'il commençait à tâter les esprits sur son maintien aux affaires. Je sentis de même BT chavirer là et sans se l'avouer, changer de destin personnel. Le lion du business, toute crinière dehors, à qui rien ne résistait, ni Wonder ni Adidas, afficha, ce jour-là, son envie d'un autre pouvoir, sans se douter qu'en abandonnant la gestion de ses affaires il s'en ferait déposséder. Par ce même Etat, qu'il allait s'engager à servir. La gent politique n'aime pas les boucaniers s'aventurant sur ses terres. Elle se liguera sans retenue ni scrupules et laissera la presse, à son habitude, brûler son idole d'hier.

Tombé de son piédestal ministériel pour un fumeux achat de joueur de foot d'un match sans importance, il restait à Wonder Tapie qui voulait tout vivre, tout dévorer, tout réinventer à connaître le pire pour lui : l'enfermement.

Je fus le premier, après sa femme, autorisé à un droit de visite à la prison de Luynes. Je fis la queue en rase campagne, seul homme perdu dans la foule résignée des mères, des femmes, des filles, des prostituées. J'attendais sagement au parloir dans ce creuset de toutes les vexations, de toutes les frustrations lorsque monta un raclement d'écuelle sur le métal des cellules. Et une clameur : « Allez Bernard, allez l'OM, allez... » On se serait cru dans un film de James Cagney. La porte de fer nous séparant du couloir s'ouvrit. Tapie apparut, rayonnant comme sur son plateau d'« Ambition », marchant du pas des vainqueurs de son spot Wonder. Les matons l'admiraient, prêts à se faire signer un autographe. Nous regagnâmes l'exiguë cabine affectée à chaque visiteur. Brusquement, Tapie redevint Bernard, il tomba dans mes bras et pleura. Comment ne pas l'aimer ?

Puis vint la traversée du désert, ce passage obligé de notre société si rancunière. Refus de l'injustice, cicatrice de la prison, impossibilité de s'engager à nouveau dans le sport, la politique et le business. Bernard serra les dents et continua de se battre. Un Tapie ne désarme jamais. Comme toujours son énergie aura gain de cause, la fortune lui est revenue. Les banquiers la lui devaient bien et, avec elle, l'amour des Français, ce qui lui avait peut-être le plus manqué.

Le jour de l'annonce de sa victoire sur le Crédit Lyonnais, le téléphone sonna.

— Bonjour, c'est Bernard. J'aurais aimé que tu sois le premier à me féliciter. Les gestes d'amour sont aussi beaux les jours de joie que les jours de peine.

Sacré Bernard !

VI

Ma vie en roses

(Rencontre avec l'Histoire)

Pompidou s'en fut tragiquement. La présidentielle de 1974 se fit à la hussarde. La gauche, dans le désarroi de sa défaite annoncée, appela, pour son affiche du second tour, deux ou trois créatifs à la mode. J'eus quarante-huit heures pour m'exécuter. Mon raisonnement fut simple, voire simplet : Mitterrand ne pouvait gagner que si ses voix du premier tour lui restaient fidèles. Il fallait donc se focaliser sur les trois secteurs de la population qui se préparaient à voter pour son adversaire Giscard : les femmes qui, selon les études, le trouvaient plus sexy, les jeunes agriculteurs en colère et le troisième âge, celui du conservatisme. Je dénichai à la va-vite dans les archives trois photos symboles : une mère donnant le sein, un adolescent menant son tracteur aux champs et un couple de retraités, main dans la main. Bonjour les clichés ! Le titre était le même pour les trois visuels : « François Mitterrand, soyez mon Président ».

Surcharge du calendrier, le choix se fit dans la cuisine du candidat, rue de Bièvre, et non cité Malesherbes, alors siège du parti. Sa femme Danielle et sa belle-sœur, Christine Gouze-Renal s'emportèrent :

— François, cette trilogie est inepte. Sur une affiche de cette importance, c'est toi que l'on attend. Pas tes électeurs.

Elles eurent le bon sens que les apparatchiks n'auraient pas eu. Cette faute professionnelle eût-elle été affichée, ma carrière de fils de pub politique se serait arrêtée là. Ces dames m'avaient sauvé la peau. La leçon porta, je compris qu'une affiche électorale, si elle voulait toucher les Français, devait être sociologique et non politique, personnelle et non générale, surprenante et non attendue. J'en ferai bon usage.

Mitterrand, président en herbe

Giscard s'empara du fauteuil mais sans la bonhomie ni la sérénité de celui qu'il remplaça à l'arraché. Il n'en fut pas moins le premier président communicant très vite pris à son propre piège. Le col roulé, l'accordéon, la partie de foot, les éboueurs servis dans la vaisselle d'or élyséenne, autant de gestes, anodins aujourd'hui, qui le crucifièrent. La com politique a ses limites, elle n'autorise aucune avance sur son temps. Sarkozy ne s'est-il pas cassé les dents à croire qu'il allait pouvoir casser les codes du pouvoir sans problèmes ?

J'attendis trois ans pour que Marianne me rappelle à elle pour les municipales de 1977. La présidentielle en ligne de mire, le Parti socialiste décida de lancer son candidat quatre ans à l'avance. Une hardiesse rare, qui portera ses fruits ; elle devrait servir de leçon au PS dans ses hésitations actuelles à affirmer son leader.

La publicité politique se bornait à cette époque à s'afficher. Deux ou trois jeunes agences furent appelées. Jean-Pierre Audour, socialiste militant et patron talentueux d'une des agences Havas, mon concurrent de l'époque, me rajouta à la liste. Sans s'en douter, il me mit le pied à l'étrier de ma chevauchée fantastique.

Je ne connaissais pas François Mitterrand, n'ayant pas été autorisé à lui présenter mes piteuses créations de 1974. Par bonheur, il ne sut jamais, pas plus que les journalistes, le nom de leur auteur. La rencontre eut lieu chez lui.

Je m'attendais à un appartement bourgeois et pomponné comme la rive gauche les cultive. Je découvris un hôtel particulier lilliputien décoré façon loft new-yorkais. Meubles de Saarinen dans des murs XVIIIe, c'était le programme commun du contemporain et de l'ancien. J'eus un premier réflexe sectaire : ainsi le pape de la gauche vivait dans le décor raffiné et design d'un manager de droite. Pauvre de moi. Je ne connaissais rien encore de la modernité de cet homme. Le bureau était au troisième sous les combles, poutres apparentes, crépi blanc, chien-assis et montagne de livres. La tanière mitterrandienne tranchait sur les pièces de réception : on se serait cru dans les combles d'une maison de campagne d'académicien.

Sans un mot, sans un geste, le futur président me sonda du regard. Ce silence me glaça. D'ordinaire, les êtres ne s'expriment jamais aussi intensément que lorsqu'ils se taisent. Notre physique traduit notre psychique. Pas chez lui. Son esprit attirait, son attitude déconcentrait. Toute l'étrangeté du personnage venait de cette vivacité de la pensée dans un corps enclin à l'immobilisme.

J'avais cent fois tourné dans ma tête la première question que je poserais à cet homme qui me fascinait jusqu'à l'hypnose. J'aurais mieux fait d'improviser.

— Qui êtes-vous, François Mitterrand ?

A la moue de mon interlocuteur, je mesurai la platitude de mon entrée en matière. Mais sa réponse allait prendre de la hauteur :

— Ce n'est pas de moi qu'il s'agit, c'est du socialisme. Je ne suis que le guide. C'est le chemin qui a de l'importance. Et au bout du chemin, le but : le pouvoir ne peut échapper à la gauche. L'expérience socialiste est inéluctable.

Mon candidat venait de me dicter son affiche. Les meilleures pubs sortent de la bouche des annonceurs, comme les enfants du ventre de leur mère. Nous nous prenons pour des créateurs, nous ne sommes que des accoucheurs. Mitterrand me parlait et je voyais l'image de De Gaulle dans son éternelle veste noire, en vacances sur la grève d'Irlande, marchant vers son destin. Puis Mao, dans son éternelle veste blanche, foulant la grève de Chine. Je quittais la rue de Bièvre imaginant un Mitterrand sur la grève de France. La mer, le ciel, le sable, autant de symboles de persévérance.

Je revins quelques jours plus tard avec une maquette. Mitterrand marchait sur une plage des Landes au lever du jour. Son entourage aussitôt tempêta. A cette image trop lyrique, il préférait un portrait plus classique : le candidat regardant, droit dans les yeux, le bon peuple de France. Mitterrand trancha :

— J'aime cette rupture avec nos conventions.

Je compris à ce geste qu'il avait ce troisième œil si rare chez les politiques : l'œil de la pub. Notre love story professionnelle commençait.

Je choisis Gilles Bensimon comme photographe, il avait le double talent de la beauté d'une image et de son instantanéité. FM détestait les séances de prises de vue. Nerveux, inquiet, visiblement agacé par ce qui lui était une épreuve, il fuyait l'objectif. Le regard sans concession de vingt millions de téléspectateurs le paralysait moins qu'un seul œil de verre le fixant. Peut-être craignait-il, s'il posait, de laisser s'imprimer une vision figée de lui-même. Avec raison : seul le mouvement le rendait photogénique Il fallait le prendre sur le vif, presque à son insu. Sur notre prise de vue, pour donner plus d'intensité à son regard, une partie du visage restait dans l'ombre. Ce clair-obscur faillit m'être fatal. Les socialistes, émules du progrès, m'ont toujours dérouté par le passéisme, teinté d'intellectualisme, de leur jugement publicitaire. La pub ne se remâche pas, elle se ressent. Dès le premier coup d'œil, elle est coup de cœur ou coup d'épée dans l'eau.

— C'est la face cachée de Janus, persifla en chœur le conseil du parti à qui je la soumis.

— Janus, répondis-je, combien de vos électeurs connaissent Janus ?

— Notre héros qui marche sur le sable, c'est le socialisme dans les sables mouvants.

— Les Français y verront au contraire la fin de la traversée du désert.

— Et votre ciel d'orage.

— Mais non, le ciel est lumineux et contrasté comme la politique, comme la vie.

Quant au slogan : « Le socialisme, une idée qui fait son chemin », il ne déclencha que des lazzis.

— Mais où est le message politique ?

— Dans l'espoir. C'est ce que vous avez de plus beau à vendre.

Que n'avais-je dit ? La meute PS cria au sacrilège. Ce fut l'hallali. Mitterrand, qui avait assisté à la fin du pugilat, me prit à part :

— Séguéla, me dit-il presque paternellement, cette affiche engage beaucoup d'argent qui n'est pas le mien et porte les espoirs de milliers de Français et Françaises (les politiques n'inversaient pas encore l'ordre des sexes). Je n'ai pas le droit de les décevoir. Oubliez toute vanité d'auteur, toute susceptibilité de vendeur. Nous sommes entre nous. Si vous étiez à ma place, est-ce le choix que vous feriez ?

Je ne m'entendis pas répondre, tant l'émotion me serrait à la gorge :

— Je ne sais pas, monsieur, si c'est l'affiche à faire. Je sais seulement que c'est la meilleure que je puisse faire.

— Dans ce cas, faites !

La suite nous donna raison. Devant le succès, il nous fallut réimprimer deux fois. Ce fut ma seule affiche incontestée. La presse de droite comme la presse de gauche unirent leurs voix. Les seuls ronchons furent les apparatchiks du parti. J'avais offert ma création et tous les frais de réalisation, je fus remercié par le mépris. J'envoyai, deux mois plus tard, une longue note sur la stratégie de communication de la présidentielle qui s'annonçait. Ce fut le silence. Je sus plus tard qu'elle avait même été soustraite au regard du premier secrétaire. Triste PS !

Mais lui sut me remercier à sa manière. Il me fit mon plus beau cadeau de mariage. La fête se déroulait à Tarare, dans la région lyonnaise. Mon beau-père, Georges Vinson, en était le maire, bon vivant et socialiste. Il nous unit puis nous invita dans sa gentilhommière qui sentait la vieille pierre et l'amour neuf. Au déjeuner, surprise ! François Mitterrand traversa la France depuis Latche pour partager notre bonheur.

Cette partie de campagne dans les senteurs frémissantes d'un printemps débutant, comment l'oublier ? J'assistais pour la première fois au spectacle du Mitterrand intime. Une leçon de pudeur, de charme et d'affection, si loin de la rigueur présidentielle que je lui connaîtrai plus tard, si loin aussi du candidat aux aguets, cherchant la faille, exigeant le meilleur, sachant d'un mot vous glacer les os au moindre égarement. Sans jamais vous blesser car il aimait profondément les hommes. Non pour leur vote, ni leur admiration, ni même leur adhésion, mais pour leur être. Dans ses déplacements, il ne cessait de questionner chacun sur ses parents, ses enfants, ses espoirs, ses souffrances. Les Français, il ne les écoutait pas en candidat pressé dont les mots vous traversent sans laisser de trace. Il ne prenait pas dans ses bras les enfants des autres, il ne serrait pas les mains à la chaîne, il était tout oreilles, plongeant dans leur vie et leurs soucis et concluait d'un « écrivez-moi » ou d'un « venez me voir » selon son degré d'implication possible.

Cet après-midi-là, je le regardais à nouveau sans comprendre ce grand écart chez lui entre la pensée et le paraître, qui m'avait tant interloqué lors de notre première rencontre. Plus son esprit s'emportait, plus son corps se figeait, comme point fixe de l'accélération de sa réflexion. Il y avait de la curiosité dans son regard et de la nostalgie dans son sourire. Cette attitude jocondienne, il ne s'en départira jamais. Prudence et pudeur furent les prémices de tous nos rendez-vous. Même lorsqu'il vous connaissait bien, il se donnait toujours quelques minutes d'observation, voire, s'il vous aimait, de tendresse refoulée. Mais dès la porte des salutations refermées, l'affrontement commençait. Je n'ai jamais connu de Mitterrand passif sur quelque sujet que ce soit. Dès la première question posée, le match des idées commençait. Il n'y aura plus de temps mort. Mi-pression, mi-passion, l'assaut est à fleuret moucheté sans que l'on puisse décoder dans sa réponse ce qui l'emporte de l'engagement ou de la retenue. Ainsi, déstabilisait-il en permanence son auditoire, non sans une certaine jubilation intérieure. J'avoue moi-même ne jamais avoir été à l'aise avec lui. Je l'ai rencontré cent fois, ai partagé ses tables de travail comme de repas, vécu ses week-ends, ses flâneries, ses marches, ses colères, ses dégoûts comme ses engouements sans jamais parvenir à cette décontraction nécessaire à tout bon jugement. Face à cet homme, j'ai toujours fonctionné à 50 % de mes facultés. Je m'en confesserai à Michel Rocard :

— Tu as de la chance, moi avec lui j'ai tourné à 20 %...

J'ai même un jour osé poser la question suprême. Nous étions dans sa bibliothèque élyséenne entre Balzac et Zola, il m'avait convié à un petit déjeuner sans raison ni façon. Je sentis le Président prêt à la confidence :

— Monsieur le Président, qu'est-ce qui fait courir François Mitterrand ?

Je crus qu'il allait éluder la question tant le temps qu'il mit à me répondre me parut long :

— Séguéla, pardonnez-moi, je vais me montrer plus mégalo que vous. J'aimerais, le jour où je quitterai cette maison, que la France ne soit plus tout à fait la même que le jour où j'y suis entré. Et que je n'y sois pas étranger, ne serait-ce que très modestement.

Comment mieux résumer sa vie ? Je m'étais imaginé le grand prêtre de gauche extraverti, exubérant et exalté, perpétuant les gènes de Jaurès. Je découvris, dès cette première journée, un homme de continuité autant que de rupture, de classicisme autant que d'aventure, de racines autant que d'avenir, de conviction autant que d'ouverture. Cette ouverture dont Nicolas Sarkozy sera l'héritier.

Mitterrand, candidat

Comment devient-on le publicitaire attitré d'un président ? Par une simple lettre. Début juillet 1980, j'écrivis à François Mitterrand que je n'avais pas revu depuis mon mariage, trois années auparavant : « J'ai étudié les campagnes anglo-saxonnes. Leur avance sur les nôtres est considérable. Mais elles ne fonctionneraient pas dans notre pays à la fois romantique et râleur, passionné et désabusé, rêvant de changement mais à la condition de le laisser à l'état de rêve. Mon désir est de mettre cette réflexion à votre service... »

Bref, je proposais ma candidature au candidat. Il me répondit à la main de son écriture appliquée d'homme de lettres me donnant une adresse où le retrouver le lundi suivant. Arrivé à destination, je lus mon destin : le restaurant s'appelait *Le Pactole*. L'aventure commençait.

Première surprise, FM fut à l'heure. J'avais tellement été prévenu de ses retards légendaires que je fus presque pris de court. Je le trouvai beau, d'une beauté sculptée de l'intérieur. Où était cette figure de cire qu'affichaient les gazettes ? Et où se cachait sa froideur qu'elles caricaturaient à plaisir ? Trois années s'étaient écoulées et l'âge le rajeunissait. A moins que ce ne soit ce feu de l'âme qui lui brûlait les veines : la volonté de s'engager, pour la troisième fois, dans ce duel suprême, dont ni le vainqueur ni le vaincu ne sortent indemnes.

Mitterrand avait l'art des grands épéistes, il vous touchait au cœur dès le premier assaut.

— J'ai lu votre *Ne dites pas à ma mère*. J'aime découvrir les hommes par livre interposé. L'écriture est un révélateur. Il est plus facile de se cacher derrière le verbe que derrière les mots. Mais je suppose que vous êtes venu me parler de publicité, voire de politique, pas de littérature.

Je me jetai à l'eau.

— Premier aveu, je ne suis pas socialiste, mon seul parti est celui des idées.

— Qu'importe, c'est le professionnel qui m'occupe en vous, non le militant.

L'échange fut bouillonnant. Je sentais mon interlocuteur si curieux, si enflammé. Je tombai sous le charme.

Le futur président me faisait le coup de la séduction. J'apprendrai plus tard qu'il en était ainsi pour tout individu qu'il voulait enrôler. Pour quelques minutes, je me crus son centre d'intérêt exclusif. Il séduisait ainsi les hommes comme on séduit les femmes, en les faisant, le temps d'un déjeuner, reines du monde. A elles de savoir ne pas être reines d'un jour.

Je sentais mon hôte avide de connaître les rouages de mon métier. Giscard l'avait battu à coups de pub, on ne l'y reprendrait pas deux fois. Nous nous revîmes tous les lundis matin, l'un pour parler politique, l'autre pub. A la troisième séance, François Mitterrand me proposa de nous concentrer sur sa campagne et de laisser là mon initiation à son monde. J'en compris la raison lorsque sept mois plus tard il me présenta à son parti :

— Voici le meilleur publicitaire que je connaisse. Mais ce n'est pas un compliment, je n'en ai approché que deux ou trois. Voici surtout le plus mauvais homme politique que j'aie jamais rencontré. Et j'en ai fréquenté beaucoup.

Mitterrand ne se trompait pas. Je suis bien trop impulsif pour m'adonner à une carrière où le dérapage verbal tue. Je n'aurais pas tenu plus d'une semaine.

Quelle chance d'avoir deux pères, l'un m'a donné la force, l'autre la force tranquille. Petit Louis m'a appris la vie, Tonton lui a donné un sens. Petit Louis m'a donné le goût de l'indépendance, Tonton le sens de la liberté. Petit Louis m'a fait rebelle, Tonton me rendra responsable. Petit Louis m'a doté du goût des choses, Tonton de leur sens. Petit Louis m'a inculqué la fierté de la gagne, Tonton y joindra celle du partage. Je me suis construit sur ces deux influences mêlées.

Mon premier père m'a laissé en partage cet esprit de conquête, de vie à pleines dents, de courage de dire, de volonté de faire. Mon second m'inocula le sens du devoir, le culte de l'autre, la nécessité de la solidarité. La mise à niveau civique ne se fit pas attendre. C'était l'un de nos premiers rendez-vous du lundi, nous avions laissé passer l'heure, FM sursauta :

— Mais j'en oublie mon déjeuner. J'ai rendez-vous avec Mauroy chez Lipp. Pouvez-vous m'y conduire ?

J'avais garé ma voiture au coin du boulevard Saint-Germain et de la rue de Bièvre. En y arrivant, Mitterrand découvrit sa marque : une Rolls. J'étais dans mes années pubardes où je ne négligeais aucun des signes extérieurs de mauvais goût. Pour ne rien arranger, j'avais remplacé la victoire de Samothrace par un petit canard vert en celluloïd. Comment passer moins inaperçu !

Je découvris le premier secrétaire dans un rôle que je ne lui connaissais pas encore : celui de la colère froide.

— Comment, Séguéla, vous ne cessez de me dire que chaque signe a un sens et vous voudriez me voir arriver chez Lipp dans ce carrosse de droite. Mais vous tenez à me faire crucifier à la une du *Canard enchaîné*. Quant à vous, qui vous dites mon communicant, vous devriez avoir honte de rouler dans un symbole aussi dépassé. Venez avec moi, nous allons aller à pied à mon déjeuner, cela vous fera peut-être réfléchir.

Ce fut une gifle. Mitterrand vous témoignait son affection ainsi, en vous enfermant dans vos contradictions. Il me brûlait sur mon propre bûcher des vanités. D'un coup, il me révéla mes défauts de jeunesse et cette incongruité endogène de ne pas savoir où aller trop loin. De retour à l'agence, je mis ma Rolls et ma fatuité en vente. J'aurai bien sûr mes rechutes, on ne guérit pas du paraître en une remontrance, mais j'étais sur mon chemin de Damas.

Il y aura bien d'autres remises à niveau. La pire sera cette matinée où, avec Jacques Pilhan et Gérard Colé, nous préparions le candidat pour son face-à-face contre Giscard. Sur la forme, Mitterrand se montra à l'écoute :

— Vous êtes un homme de gauche habillé comme un homme de droite. Il vous faut des tenues en accord avec votre message. Des couleurs plus chaudes, des tissus plus simples, une coupe plus jeune. Changez de tailleur. Et, oserais-je ajouter, il vous faut aussi changer de dentiste.

Sur le fond, je fus moins inspiré. Passant les sujets en revue, j'avais préparé quelques reparties tranchantes du style :

— VGE ne manquera pas de vous qualifier d'homme du passé. Il a déjà rodé la formule. Traitez-le d'homme du passif. Vous gagnerez l'échange.

La réunion touchait à sa fin, lorsque le candidat nous dit :

— Et l'abolition de la peine de mort ?

Je répondis sans réfléchir.

— Mais, monsieur, vous n'allez pas aborder ce sujet, 75 % des Français sont contre.

Je vis Mitterrand changer de tête. Il ne me regarda pas, il me foudroya.

— Ce n'est pas un petit blanc-bec de publicitaire qui va me dicter ma conduite à coups de sondages imbéciles. J'entends dans cette campagne dire ce que j'ai à dire. N'en déplaise à l'opinion publique.

Et Mitterrand se lança dans l'une de ses cinglantes saillies, qu'il répétera presque mot pour mot dans sa joute télévisuelle. La tirade s'acheva sans que je puisse émettre un son. Je venais de vivre la honte de ma vie.

Le candidat, comprenant mon trouble, me fit un sourire en forme de pardon. En près de vingt ans ce fut une de ses rares remontrances, cet homme m'a toujours témoigné une attention extrême et parfois jusqu'à la tendresse. Etait-ce affabilité ou affection, il me reste une incertitude. Ai-je été un peu aimé de cet homme ? Sur ce point il ne se découvrait pas. Il avouait son amitié jusqu'à la préférer à la morale, mais jamais son affection et moins encore à son publicitaire que, au fond de lui, il accusait de lui voler un peu de sa magie.

La campagne nous rapprocha, on ne partage pas la conquête du pouvoir d'un homme sans conquérir une part de son intimité. Je découvris vite combien mon candidat était coquet. Il avait beau jouer les coureurs de fond maîtrisant la forme, il n'échappait pas à la ronde du grand méchant look. Un des premiers jours de janvier 1981, je lui amenai la maquette de la « Force tranquille ». Il me bluffa en l'acceptant d'emblée.

— Vous m'avez surpris. En bien. Voilà qui ne ressemble pas à une affiche politique et qui cependant me ressemble. Je pense que vous m'avez trouvé. Je n'ai qu'une remarque, pourquoi cadrer si large ? Les Français attendent une image plus serrée de leur président, c'est son regard qu'ils guettent, pas le décor. Il faut me donner plus de présence.

Devant lui je recadrai la prise de vue à l'aide de deux feuilles blanches. La petite église de Sermage disparaissait, tronquée par le gros plan, le concept de mon affiche s'envolait. Mitterrand argumentait, je réfutais.

— Monsieur, le visuel d'une affiche doit être l'incarnation de son slogan. Cet arrière-plan signifie la sérénité, le premier plan la force. Impossible de déséquilibrer l'un par l'autre.

Et soudain, je compris. Son souci n'était pas la symbolique, mais sa calvitie. Il voulait un cadrage à la hauteur du front pour mieux la cacher. Je le pris de court :

— Laissez vos concurrents s'acharner à paraître dix ans de moins sur leurs photos. Vous, affichez votre âge. Ainsi lorsque les Français vous verront à la télévision pour le face-à-face final, ils vous donneront dix ans de moins et dix ans de plus à votre concurrent. Vous le vieillirez d'un coup.

A la pensée de ce rajeunissement télégénique, il céda et me parla enfin de son âge qu'il vivait comme un handicap.

— Bien au contraire, les Français rêvent d'un père comme président, et le troisième âge, qui vote conservateur par peur du lendemain, se laissera séduire. Cette affiche est une affiche de droite. Elle n'est pas faite pour rallier les votes de votre camp mais les indécis, ces adhérents du parti de l'incertitude. Leur adhésion fera votre élection.

Début novembre 1980, j'eus un coup de blues. La presse, les sondages, la droite sonnaient l'hallali d'un Mitterrand qui avait fait son temps.

— Après qui courons-nous, monsieur, votre cote paresse à 36 %. Rocard pavoise à plus de 50 %. Comment pouvez-vous espérer être le choix du PS ?

— Séguéla, ne vous laissez pas intoxiquer par la sondagite, le mal est contagieux. Il me suffira d'un week-end prochain pour régler cela avec le parti : Rocard, c'est rien.

Je restai sans voix. Ainsi fallait-il tant de cruauté pour faire son chemin dans les sentes du pouvoir. Je me réjouis de n'être qu'un publicitaire. Je m'en ouvris à mon mentor. Il botta en touche.

— Je vais proposer aux Français d'être avec moi les inventeurs d'une culture, d'un art de vivre, bref d'un modèle de civilisation. Que propose-t-il, lui ?

J'en profitai pour sonder mon « annonceur » sur l'effet qu'il accordait à la publicité. Sa réponse reste la première règle de toute présidence :

— Séguéla, vous m'avez convaincu de sa nécessité pour conquérir le pouvoir. Mais ne croyez pas qu'elle garde sa magie une fois qu'il est acquis. Le temps des formules n'a qu'un temps. Certes, la fonction a ses règles et ses codes, sa discipline et ses exigences. La chose médiatique en est une. Ni plus ni moins. Un rendez-vous avec les Français, cela se prépare comme nous l'avons fait ces trois derniers mois. Mais derrière le miroir du petit écran, si l'apparence ne recouvre que le vide, il ne restera que le vide. La télévision est cruelle, elle montre ce qui est.

Mitterrand, président

Les flonflons de la victoire remisés pour sept ans, le Président se mit à l'ouvrage. « Gagner n'est rien, durer est tout », répondait-il à la ronde. J'eus la chance d'être son premier rendez-vous élyséen. Une élection peut en cacher une autre. Je venais lui présenter les maquettes publicitaires des législatives qui devaient avoir lieu trois semaines plus tard.

Je trouvai FM en pleine forme malgré son épuisant marathon de la veille : une première adresse, la voix cassée, à ses chers compatriotes, un « Coucou, c'est moi » au Soldat inconnu, un « A nous deux, Chirac ! » à l'Hôtel de Ville : « Ce vieux face-à-face du roi et du prévôt » et, pour conclure, le chemin de roses du Panthéon, chef-d'œuvre de l'art pompier républicain. Au réveil, le Président n'en était pas moins d'humeur buissonnière.

— Bonjour, Séguéla, et si nous visitions l'Elysée ?

L'état des lieux était pitoyable : peintures fanées, moquettes souillées, meubles ébréchés, murs lézardés, une ambiance de fin de règne comme si Giscard avait pressenti sa défaite et voulu laisser à son successeur les lieux le plus « défraîchis » possible. Comble du comble : pas une prise TV à l'étage, il nous faudra, pour visionner le spot de remobilisation de nos électeurs que j'avais préparé, nous rendre dans la loge du concierge. A ma triste habitude, je ne pus me contenir.

— Monsieur le Président, vous avez, le soir de votre élection, promis aux Français d'être le président de la jeunesse et de la liberté. Vous ne pouvez baser votre QG en des lieux aussi rétrogrades. Construisez l'Elysée du troisième millénaire : un building de verre et d'ordi, d'acier et de vidéo, témoin de cette société de techno-communication qui s'avance.

FM me remit à ma place d'un sourire.

— Calmez-vous, Séguéla, avec vos idées saugrenues. Moi j'aime bien l'Elysée.

Je pris la phrase au premier degré : la jubilation d'être enfin en ce palais qu'il avait tant espéré. Je me trompai. Mitterrand ne s'écoute pas, il se décode. Il me donna plus tard sa traduction :

— Le pouvoir n'est rien sans ses ors et ses fastes surannés. Comment affirmer son autorité sans la légende des lieux, comment perpétuer le rêve sans les dorures de l'histoire ?

J'ai conté l'anecdote à Nicolas Sarkozy, il ne l'a pas oubliée.

La politique ne connaît pas de bonheur continu. Moins d'un an après leur tableau d'honneur de 1981, les socialistes vont être mis au piquet en perdant la bataille des régions. Début juin 1982, le Président me convoqua à un déjeuner élyséen. Ciel joyeux, soleil tendre, l'été allait faire sa rentrée. Le gouvernement, lui, sa sortie. La garde rapprochée était au rendez-vous : Rousselet, Lang, Defferre, Attali et un invité joker : Jean-Jacques Servan-Schreiber. La salle à manger (daim, acier et éclairage en grappe), héritée des goûts post-modernes des Pompidou, avait tout de la suite présidentielle, mais façon Hilton. Le décor allait avec l'humeur du chef de l'Etat. Il se préparait à renier sa politique de dépenses pour entrer dans celle de la rigueur. Premier à être mis sur la sellette, j'irai droit au but. Un peu trop brusquement. Mais face à un président, le temps vous est compté. Vous avez trois minutes pour assener votre message. Au-delà de cette limite votre ticket n'est plus valable.

— Alors, Séguéla, quel est votre sentiment ?

— Monsieur le Président, la politique n'a pas de sentiment, mais des réflexes, tout changement de produit impose un changement de campagne. Vous changez de politique, changez de gouvernement. Votre Premier ministre est votre première communication. Comment peut-il endosser le rôle de Père la Rigueur après avoir si bien joué celui de Père Noël ? La politique n'est pas un théâtre, ses officiants pas des acteurs, Mauroy est le symbole de la distribution, il ne sera pas crédible dans celui du gabelou. Vous connaissez le proverbe hindou : « La main qui donne et qui reprend, c'est la main du serpent. » Garder Mauroy serait suicidaire. Les Français sont des ronchons patentés hermétiques à tout discours, fût-il de circonstance. Pas de plan de redressement possible sans un plan d'espérance. Ils ont trop cru en vous et notamment les jeunes. Ils ont besoin d'un électrochoc pour retrouver leurs espoirs. A vous de leur montrer un nouvel horizon.

Le Président ne broncha pas, l'assemblée moins encore. Seul JJSS vint me prêter main-forte. Jusque-là statue de cire ne desserrant les dents que pour happer une demi-bouchée, il passa d'emblée de l'impassibilité à la surexcitation. Ce fut un torrent de mots. Il enfourcha, tel Zorro son cheval noir, le thème de la jeunesse, décrivit les attentes d'une ère technologique et communicante et notre devoir d'adultes de préparer nos enfants à ce nouveau monde qui serait le leur. L'ordinateur, dans son discours, prenait des allures de divinité moderne. Il envisagea un avenir informatique et magique. Il conclut d'un : « C'est ce type de gouvernement qu'il faut mettre en place sans attendre » qui finit de glacer l'auditoire.

Soudain, tout me parut surjoué dans ce palais anachronique, cet îlot de fausse modernité dans un océan de dorures, ces serveurs en gants blancs raides comme des militaires et plus encore ces têtes abstraites de conseillers muets. Dans quel siècle étions-nous ? Hélas, je fus, à part Attali qui ne broncha pas, le seul touché par l'oracle. Je sentis que la locomotive socialiste allait patiner là, en ne changeant pas de conducteur, elle courait au déraillement. Quatre jours plus tard, alors qu'une deuxième dévaluation frappait le pouvoir, Mauroy, son premier responsable, se verra félicité et confirmé. Certes, Fabius viendra, mais trop tard, le temps perdu aura laissé se lever trop de vents contraires.

Le 1er octobre, FM ne sera plus qu'à 51 % sur le fil pervers du rasoir des sondages qu'il abhorrait. Dire qu'un an plus tôt, tout avait commencé à plus de 70 %. Je le lui avais personnellement annoncé en exultant. Lui devint sévère, presque anxieux.

— Séguéla, votre excitation est mal à propos. Les Français m'ont élu à 52 %, ils me donnent aujourd'hui 70 %. Ils vont me faire chèrement payer ces 18 points de trop.

Un an plus tard allait se rejouer la même scène dont je serai à nouveau l'éconduit de service. Ce 12 mars 1983, l'humeur du Président était plus maussade encore et avec elle celle d'une France qui prenait ses désirs politiques pour des réalités économiques. Six semaines électorales venaient de s'écouler, tempétueuses comme un fleuve en crue. Inondation plus qu'élection, les médias débordant de leurs lits avaient noyé la France sous un déluge de petites phrases meurtrières. Nous avions vécu une guerre civile des mots. Le pays venait de voter mais attendait le vote de son Président : oui ou non à Mauroy III. La presse donnait la chasse au Premier ministre. Delors était à la chasse au serpent monétaire. Bérégovoy s'agenouillait dans les starting-blocks de Matignon. Les Français haletaient dans les tribunes. Je fis le pied de grue sur la moquette de Jacques Attali. C'était le passage obligé vers Mitterrand. Je n'ai jamais compris pourquoi le bureau du président de la République n'avait pas d'entrée directe comme celle du premier cadre venu. Impossible de l'atteindre sans passer sur le corps de son premier conseiller. Attali était sur le qui-vive, dans sa posture habituelle de vigie de la République. Ses larges lunettes dessinaient deux miniécrans où virevoltaient ses pupilles telles deux billes électroniques. Le vide de sa table, généralement couverte de dossiers, cachait une disponibilité inquiète. Quel Mitterrand allais-je découvrir ?

Ordre du jour : la communication de l'après-élection.

Je vis sortir Mauroy, tel un diable à ressort éjecté du bureau présidentiel. A son sourire épanoui, je compris que j'étais le premier à savoir qu'il venait d'être reconduit, cela n'arrangeait pas mon exposé.

J'entrai. Le Président était à son bureau. Ces trois dernières années je ne l'avais jamais surpris autrement. Son regard s'échappa du cours de sa plume, il me sourit et replongea dans ses feuillets. Je sentis un frémissement de tendresse sourdre sous le masque présidentiel. Aucune trace de fatigue ni de ce mal qui le rongeait, selon les gazettes d'opposition. Simplement cette habituelle rigidité qui lui servait de garde du cœur. J'eus une seconde une vison cartoonesque de grand sachem. Son corps était comme en apesanteur, la voix au seuil de l'inaudible, une voix intérieure. Je resterai ainsi deux heures courbé sur sa table pour mieux l'entendre. J'essayerai une nouvelle fois de faire valoir ma thèse. Sans espoir. Je connaissais mon Mitterrand, il me recevait à sa table de travail et non sur le canapé d'apparat, il était donc disposé à entendre mais pas à écouter.

— Monsieur le Président, les ministres sont comme les miroirs, désarmés une fois ternis. La France est en mal d'un nouveau management. C'est un Premier ministre technicien de l'économie et non politique qu'il nous faut.

— Ah, Séguéla, s'agaça-t-il, vous êtes un homme pressé ! Un septennat, ça se gère avec le temps. Ne vous laissez pas gagner par l'alarmisme parisien. Nous n'avons reperdu que trente des quatre-vingts villes que nous avions gagnées en 1977. Où voyez-vous motif de changement ? Calmez-vous. Où est votre force tranquille ?

Si je n'étais pas ce que je suis, j'aurais rengainé mes mots. Incorrigible, je vais me lancer dans la plus passionnée des recommandations de ma carrière. En appelant aux études, aux sondages, aux avis des uns (les amis) et des autres (les ennemis).

— Monsieur le Président, le pouvoir en France s'est toujours exercé selon un découpage politique. Autant de ministres que de sensibilités partisanes. La politique ne fait plus la France. A coups de pavés dans la mare de nos conservatismes, la sociologie a pris le pouvoir depuis 1968. Pourquoi ne pas envisager un gouvernement basé sur les attentes sociologiques plutôt que sur les rejets politiques ?

— Séguéla, la psychologie chez vous tourne à la psychose.

— Mais non, je n'en appelle qu'au bon sens. Les Français ne forment plus un peuple mais plusieurs communautés. A chacune devrait correspondre un ministère s'adressant enfin à un profil socioculturel homogène. Dès lors, nous pourrions aisément trouver un concept mobilisateur par entité.

Je m'arrêtai pour le regarder mais je le sentis absent. « Lorsque Tonton ne veut plus t'entendre, persiflait Jean-François Bizot, le fondateur d'*Actuel*, il cherche désespérément une fenêtre pour laisser échapper son regard. » Justement, les yeux du Président s'étaient envolés vers les jardins de l'Elysée. Je continuai dans le vide.

— Les Français attendent un gouvernement imaginatif, entreprenant, garant de l'ordre. Répondez-leur par un ministre de l'Imagination et non de la Culture, un ministre de l'Entreprise et non de l'Economie, un ministre de la Sûreté et non de l'Intérieur, un ministre de la Vie et non de la Santé... Inventez le gouvernement de votre temps, en phase avec les attentes de vos concitoyens, un gouvernement sociétal, pas le suppôt de ce conservatisme et de cet immobilisme qui tuent la France à petit feu.

Je vis, au sourire jocondien de Mitterrand, qu'il avait cessé depuis de longues minutes de m'écouter.

— Eh bien, nous parlerons de tout cela une autre fois, conclut-il en guise de congé. Comment va Sophie ?

Mitterrand II

Faute d'idées, l'opposition trouva un nouvel angle d'attaque : elle répandit le bruit de la maladie du Président. Pas un dignitaire parisien qui, dans les dîners en ville, ne jurât que son médecin personnel était au chevet de Mitterrand. *France-Soir* osera même révéler en une que FM était traité depuis des années à Villejuif. Lors de ma visite suivante le « malade » m'apparut en parfaite santé, je l'exhortai à faire cesser la calomnie.

— A quoi bon, me répondit-il, désabusé. Le démenti en France ne fait qu'authentifier les fausses nouvelles. Laissez hurler la meute, mon cancer se porte bien.

A nouveau, je me trompai de décryptage, je crus au mot d'humour, c'était un mot d'humeur. Le Président, à peine installé sur son trône, avait découvert le mal qui allait le ronger pendant ses deux septennats.

Six années durant, je ne crus pas à l'info. Jusqu'à ce jour de l'été 1987 où le Président me convia à un petit déjeuner dans sa bibliothèque. Les lieux, avec lui, avaient toujours leur sens. Etre invité à l'Elysée était protocolaire, rien d'important ne se jouera. Un rendez-vous dans son bureau équivalait à une lettre de mission. Un dîner dans ses appartements privés était signe d'amitié, un week-end à Latche, signe d'affection. Mais un breakfast face à Balzac et Hugo, ses auteurs quotidiens, était symbole d'un engagement.

Le Président me parla de tout et de rien. Je commençais à connaître le personnage : ce calme annonçait la tempête, seules comptaient les cinq dernières minutes.

— Vous souvenez-vous de notre déjeuner au Pactole. Je vous avais demandé d'être mon publicitaire. Je n'étais pas encore candidat mais vous m'aviez répondu : « Une campagne se prépare un an à l'avance, commençons demain. » Cette fois, je n'ai pas pris ma décision et à vous dire vrai, je pense qu'il y a plus de chance qu'elle soit négative que positive. Mais au cas où, si vous le voulez bien, commençons demain. Je vais vous poser un problème créatif intéressant : préparez-moi une affiche qui puisse me servir, mais surtout à celui qui devrait plus que moi l'incarner : Michel Rocard.

— Monsieur le Président, vous me demandez l'impensable, la pub n'est pas interchangeable. Une affiche n'est pas un costume que l'on peut troquer à la condition d'avoir à peu près les mêmes mensurations.

— Séguéla, vous prétendez avoir des idées, alors ayez une idée !

Ainsi naîtra « Génération Mitterrand », cette affiche-logo où, enserrée dans les lettres mêmes du slogan, une main prenait celle d'un bébé pour l'attirer vers un avenir meilleur. Cette main pouvait être celle de Mitterrand ou celle de Rocard, en fait, c'était la mienne. Et le bébé, ma fille, Lola, âgée d'un an. La création n'est jamais aussi forte que lorsqu'elle est contrainte. L'affiche présidentielle de 1988 venait de naître.

Mitterrand l'accepta aussitôt mais continua d'hésiter sur son engagement. Les observateurs politiques en ont toujours douté, pas moi. Je reste même persuadé que dans cet automne 1987, l'intention secrète du Président était de passer la main. Cela ne l'empêchait pas d'amplifier les rumeurs. Il s'amusait de cette stratégie du désir dont il avait eu l'idée. Autant pour occuper les médias que les esprits. Il testait ainsi le degré d'appétence des Français pour son deuxième service. En toute mauvaise foi. En octobre, de retour d'Amérique du

Sud, il caressera dans l'avion Noir, Longuet et Carignon : « Avec vous, j'ai rajeuni de dix ans. Méfiez-vous du RPR, il vous mange la laine sur le dos. D'ailleurs, si je décide d'être candidat, ce sera pour vous battre, et je vous battrai. Je ne serai pas un candidat pour mes amis, mais à cause de vous. »

Quelques jours plus tard, j'étais dans son bureau.

— Monsieur le Président, cette campagne à deux têtes est impossible à mener. Je ne connais pas Michel Rocard et vous me demandez de défendre ses idées. La presse a relaté vos propos off avec Noir et Longuet. Si votre choix est fait, vous ne pouvez me le taire plus longtemps.

— Séguéla, pourquoi vous mentirais-je ? Aux chiens de droite, j'ai jeté un os à ronger, ils vont en faire leurs dîners en ville. Mais vous, continuez à travailler et n'oubliez pas que je peux sortir de cette campagne à tout moment. Vos thèmes doivent continuer à fonctionner, si je ne suis pas candidat. Au fait : la crise du moment est d'abord une crise du chacun pour soi. Veillez dans les messages que vous préparez à ce que chaque Français se sente partie prenante de la France. Donc d'une France sans exclus. C'est en luttant pour la cohésion sociale que nous créerons la cohésion nationale. Revenez me voir la semaine prochaine.

Je ne sais à ce moment précis qui, de Barre, toujours en piste, ou de Chirac, il craignait le plus. Je compris plus tard que sa crainte n'était pas politique mais physiologique. Son adversaire du moment était son cancer que trop de tensions venaient de réveiller. Ses médecins lui donnaient deux ou trois ans de vie. Ses hésitations à rempiler pour sept ans venaient de là. Rejouer la chronique d'une mort annoncée, que Georges Pompidou avait, bien malgré lui, offerte aux Français, le terrorisait.

Puis vint l'incident. Début décembre, lors d'un de nos rendez-vous hebdomadaires, Mitterrand, d'ordinaire si concentré sur l'ordre du jour, ne cessa de vilipender Chirac. Jusqu'à ce jour, lorsqu'il lui arrivait de me parler du maire de Paris, c'était avec des louanges d'ailleurs un peu forcées : « Quel homme énergique, tenace, intelligent et travailleur... » A n'en pas croire un mot.

Soudain, ce fut l'anathème : il acheva sa diatribe d'une formule pubarde qu'il ne pouvait qu'avoir ruminée.

— Séguéla, si je devais définir mon Premier ministre je le ferais en quatre V : voyou, vulgaire, versatile et velléitaire.

Pourquoi tant de haine subite ? Ces deux chevaux d'orgueil s'étaient-ils blessés à mort d'un coup de poignard d'ego, d'une trahison en flagrant délit, d'une requête refusée... Saura-t-on jamais ?

— Cet individu, conclura même Mitterrand dans une rage sourde, manque d'unité intérieure et de vrai caractère. Il finit toujours par écouter les extrêmes. Quel danger pour la France s'il venait à prendre le pouvoir !

Je date de cet instant l'engagement définitif de FM. Le j'y-va-t'y, j'y-va-t'y-pas allait continuer. Cependant, il ne serait plus clinique, mais tactique. Un piège qui allait successivement désarçonner Barre puis Chirac. L'orgueil avait terrassé le cancer.

J'aurai la double confirmation de son mal revenu et de sa détermination nouvelle lorsque, me raccompagnant vers la sortie, Danielle Mitterrand, qui était venue me demander des nouvelles de Sophie et des enfants, me prit le bras. D'une voix glacée, elle murmura :

— Alors, nous allons mourir ici !

Quel message à nouveau de mon second père ! La rage de vaincre ne doit pas craindre la mort. Dans son cas, elle allait même la faire reculer d'une décennie.

« N'abandonnez jamais », m'avait si souvent répété FM. Je serai son élève, même dans mes pires déconvenues professionnelles. L'abandon est le courage des faibles, celui de la fuite. Il n'est ni glorieux, ni pertinent. Rien de grand ne se construit dans le refus. « En politique, le désespoir est une sottise absolue », disait Maurras. Son conseil ne se limite pas à la politique.

Mitterrand, consultant

En novembre 1981, mon mentor me privera de la fortune. En libérant les radios de leurs chaînes, il venait, dans la froideur étatique de l'automne finissant, réchauffer les cœurs de cette jeunesse qui l'avait porté au pouvoir. Jean-Paul Baudecroux était alors mon plus petit annonceur mais pas le moindre. Il croyait en la pub, jusqu'à y investir tous ses profits. Il avait créé une petite société de service téléphonique de réservation de spectacles et de restaurants, Ely 1212. Par amitié, je lui avais proposé de créer, au sein de l'agence, un concours hebdomadaire de la meilleure petite annonce. Il ne payait que l'espace, la création lui coûtait d'offrir une soirée au vainqueur. Ce fut, deux années durant, notre festival créatif interne.

Jean-Paul m'invita à déjeuner, je m'attendais à tout sauf à sa proposition.

— Je vais créer la première radio musicale française, j'ai déjà le titre, NRJ, j'ai besoin à mes côtés d'un homme de pub et d'idées. Associons-nous à 50/50.

L'aventure me tentait, la radio est mon média préféré, intimiste, naturel, direct, poussant à la confidence et surtout vous laissant le temps de parler. Je lui promis une réponse dans les quarante-huit heures.

J'avais rendez-vous avec FM à la sortie du restaurant. Il me reçut, à son habitude, en me demandant les nouvelles du jour. Je lui parlai de NRJ.

— N'allez pas vous perdre là-dedans, trancha-t-il. J'ai libéré les radios mais la liberté a son prix. Il y aura beaucoup d'appelés et peu d'élus. Séguéla, vous avez mieux à faire.

La brutalité de la réponse m'ôta toute ambition et me priva de 50 % des bénéfices de ce qui deviendra l'un des premiers groupes audiovisuels de France. Depuis, chacune de mes rencontres avec Baudecroux connaît le même rituel facétieux :

— Bonjour, Jacques, me lance mon associé d'un déjeuner. Aujourd'hui le groupe est à un milliard d'euros, si tu m'avais suivi, tu aurais cinq cents millions en banque.

Je dois donc à Mitterrand ma plus grande joie professionnelle : sa double élection, et mon plus grand regret : cette défection, si peu dans ma nature. A trop écouter les oracles, mêmes présidentiels, on regarde souvent passer les trains. Celui-ci était à un demi-milliard d'euros. Un train postal comme dans les westerns de ma jeunesse perpignanaise, et j'avais manqué le hold-up. Je n'en ai pas le moindre regret pour autant. Aurais-je été heureux comme je le suis si j'étais un milliardaire ? J'en doute. J'en connais si peu qui ont su garder le goût de la vie simple, la seule que j'aime.

Ce ne fut pas ma seule déconvenue élyséenne. Quatre ans plus tard, le Président décida de libérer les chaînes à leur tour. Le rêve de tout créatif étant d'inventer une télévision, nous nous étions associés à l'UGC (nous avions en commun une radio Hit FM) et à *Libération* pour déposer une demande. J'avais réuni, pour concevoir la grille, une équipe insolite et insolente. Elle allait de Coluche à Tapie, en incluant un juste mélange des talents en herbe et de talents confirmés : objectif humeur et humour. Le Président nous reçut avec sa disponibilité habituelle. Je le trouvai reposé, comme lissé par le pouvoir. Fini ce teint de cendre des premiers mois de règne. Sur son bureau s'entassait son fouillis habituel : les livres reçus dans la semaine à peine déballés, les dossiers en colonne, les babioles que je lui avais connues rue de Bièvre et, sur la cheminée, derrière lui, la pendulette d'or et de verre que de Gaulle avait immortalisée durant ses entretiens télévisés avec

Michel Droit. J'eus un choc, Simone, ma mère, avait reçu de la sienne le même modèle qui ne l'avait jamais quittée même dans nos voyages les plus lointains. Serge July sera brillant, Pebby Guizet, partenaire d'UGC, rassurant, moi, insistant, et Mitterrand, absent. Serge, à la sortie, me chuchotera :

— Il ne nous a rien dit, ne nous donnera rien, mais quelle star !

Je n'en crus rien. Ma candeur s'imaginait encore que les politiques avaient l'esprit d'ascenseur et qu'ils trouvaient toujours le moyen de récompenser ceux qui les avaient servis. J'avais parlé à maintes reprises à FM de mon désir d'apporter la créativité de la pub à une chaîne musicale. Il connaissait ma passion pour ce projet qui aurait donné des ailes à notre agence. Rien n'y fit. Fabius, un mois plus tard, accorda TV 6 à mon principal concurrent, Publicis. Sans même un mot de consolation.

Je n'en voudrai en rien à mon mentor. Comment le pourrais-je après le cadeau qu'il me fit de me choisir comme son publicitaire ? Bien des journalistes ont prétendu que j'avais fait élire Mitterrand. Erreur sur la personne : c'est lui qui m'a couronné petit roi de la publicité. Le pouvoir a ses règles et ses priorités, vouloir s'y frotter, c'est s'y piquer. Les rapports avec les présidents – j'en ai conseillé une vingtaine de par le monde – sont sado-masochistes. Si attentifs lorsqu'ils espèrent que vos conseils leur feront gagner quelques voix. Si distants lorsque, élus, ils veulent ne devoir leur victoire qu'à eux-mêmes. Tout homme d'Etat conquiert le pouvoir en tranchant toute tête qui dépasse dans son propre camp, avant d'aller trancher en combat singulier celle de son adversaire, coupeur de têtes du sien.

Si le Président ne m'accorda jamais la moindre faveur, il ne me fit non plus jamais le moindre reproche, quelle que soit la vacuité si fréquente des conseils que j'ai pu lui donner. Mon seul savon, il me le passa le 14 mai 1991.

Je suis sur Europe 1. En fin d'interview, Jean-Pierre Elkabbach, ce si talentueux renard médiatique, me demande de jouer les Madame Soleil.

— Que pensez-vous de Michel Rocard ?

Je tombai dans le piège.

— Qu'il fut un bon Premier ministre.

— Pourquoi fut ?

— Parce que son temps à Matignon est compté.

— Et qui lui succédera ?

— Pourquoi pas une femme ?

J'ai répondu d'instinct. Certes, les gazettes écrivaient déjà, à longueur de colonnes, la chronique d'une mort annoncée du premier gouvernement de Mitterrand II, mais j'ignorais qu'elle fût déjà consommée dans le silence élyséen. Quant à la nomination d'Edith Cresson, j'étais loin d'être dans le secret. Mais l'humeur du temps me soufflait que changer de sexe en même temps que de Premier ministre serait si mitterrandien. Incroyable concours de mauvaises circonstances. Rocard sera démissionné le lendemain, et Cresson sacrée première femme entrant à Matignon. L'ex-Premier ministre me crut le porteur de mauvaise nouvelle de Sa Majesté, et ne me le pardonnera jamais vraiment. Quant à ladite altesse, elle me convoqua le jour suivant :

— Séguéla, cessez de jouer les prophètes. Laissez cela à Dieu !

Mitterrand, intime

Je n'en ai pas moins eu une relation privilégiée avec cet homme au-dessus des hommes. Je me souviens de ces dîners à la maison les premiers mois de son règne où il venait seul avec Danielle. Sans garde du corps, ni escouade motorisée. Les mesures de sécurité et leur débauche de G. Men ne seront déclenchées que lorsque les menaces d'attentat se feront tentatives. Il renvoyait son chauffeur et son officier d'ordonnance pour leur donner leur soirée. Je le raccompagnais alors chez lui. Moi, accroché à mon volant de peur du moindre accroc, lui, tout à sa curiosité de la rue, ce spectacle qui lui était désormais refusé.

Je me garais au coin du boulevard Saint-Germain et de la rue de Bièvre. Mitterrand ne se couchait jamais sans une ultime flânerie. Sa fatigue s'évaporait, il refaisait le monde au rythme de ses pas, de long en large. Je m'étonnais d'une telle vitalité persistante après ses journées harassantes. François était un oiseau de nuit, il peinait à se lever à l'aube mais plus encore à se coucher trop tôt, comme pour laisser refroidir lentement le moteur de ses pensées avant de couper le contact.

Ce fut lors de l'un de ses dîners où je lui présentai mes associés, Roux, Cayzac et Goudard, qu'il nous fit une révélation stupéfiante :

— Et si vous nous parliez de votre métier de Président ? lui lançai-je.

— Dans chef de l'Etat, nous répondit-il, il y a chef avant Etat, or il n'y a pas d'université qui l'enseigne. Ce job s'apprend sur le tas et les débuts ne sont pas si aisés. Ainsi, j'ai failli perdre la clé du code atomique. Giscard me l'avait remise lors de la passation des pouvoirs. Un moment solennel et creux où l'on se regarde en Marianne de faïence sans oser aborder le moindre sujet blessant. Le numéro était inscrit sur une petite plaque qui pendait à une fine chaîne d'or. Le président sortant la portait en sautoir, il me la tendit. Par peur du ridicule, je n'osai pas dégrafer mon col de cravate et la mettre à mon cou, je la glissai dans ma poche. Le lendemain, au réveil, m'attendait une journée chargée. J'avais la tête à ma fonction, j'ai changé de complet et oublié le code. Je ne m'aperçus de la gaffe qu'en fin de matinée. Je téléphonai aussitôt chez moi, mon complet était parti chez le teinturier. J'imaginai le pire, le code se perdant dans les méandres du nettoyage à sec. J'envoyai aussitôt un motard qui évita la catastrophe. Trente minutes plus tard, je récupérai la force atomique et la mis à mon cou.

C'est cet homme tranquille, oublieux de sa force, que j'ai toujours préféré au président sous les ors élyséens ou les sunlights des studios. Mais qu'ils furent rares ces moments volés ! Et toujours familiaux, comme s'il ne pouvait se livrer qu'après avoir raccroché son armure élyséenne au portemanteau de son bureau avant d'en claquer la porte. Chacun le sait désormais, il avait deux familles et donc deux vies hermétiquement séparées. S'il vous avait connu avec Danielle, vous ne pénétriez jamais le deuxième cercle, celui de la deuxième femme. Invité parfois à l'Elysée pour le dîner du dimanche soir, j'y ai toujours vu ses deux fils, Jean-Christophe et Gilbert, muets, quasi absents, comme l'ombre du père, mais jamais je ne serai présenté à Mazarine ou à sa mère. Et le sujet sera tabou.

Même cloisonnement lorsque, avec Sophie, nous étions conviés à Latche. Dans cette clairière landaise cernée par ses amis les arbres, Mitterrand redevenait François. A peine arrivé, il décrochait la prise du pouvoir pour brancher celle de ses deux passions, la lecture et les arbres. Il pouvait en quarante-huit heures dévorer trois ouvrages, extraits de la bibliothèque de son bureau qui n'était que quatre murs de livres (la collection complète du Livre de poche et de la Pléiade). Seule échappée, le rituel du cinq à sept dans les sous-bois qui devenaient cours de botanique. Le politique, changé en écolo, décrivait chaque espèce, chaque variété, et malheur à l'analphabète de la nature, il perdait toute crédibilité.

Mitterrand, avant d'être le fils de Jaurès et de Blum, était celui de Jean-Jacques Rousseau et de Proust. Mauriac ne s'y est pas trompé en écrivant : « Il a été un garçon chrétien pareil à nous, dans une province. Il a été un enfant barrésien, souffrant jusqu'à serrer le poing du désir de dominer la vie. Il a choisi de tout sacrifier à cette domination. Il aurait pu être écrivain, raconter des histoires au lieu de vivre des histoires. Il a choisi de les vivre. »

Faute d'avoir ma radio ou ma télé, j'aurai une bien belle récompense. Elle viendra plus tard et sera, à la façon mitterrandienne, inattendue et inoubliable. Je reçus un coup de fil du Château :

— Séguéla, êtes-vous libre ce soir à dîner avec Sophie. Retrouvons-nous vers neuf heures. Je veux vous présenter un homme dont vous m'avez souvent parlé et qui pratique l'art de la communication mieux que vous.

Notre trajet avec Sophie ne fut qu'un jeu de devinette : qui pouvait être ce personnage ? La liste s'allongeait de rue en rue mais nous étions loin du compte. Arrivés au palais, nous montâmes au quatrième dans les appartements privés du Président, relookés par ses soins et celui d'une brochette de designers du moment. Autour de la table, cinq chaises dont l'une resta vide près d'une demi-heure. Je sentais Mitterrand nerveux, il détestait qu'on lui rende ce qu'il avait tant pratiqué, le culte du retard. Et, soudain, la porte s'ouvrit. Une longue toge safran virevolta, c'était le Dalaï-Lama.

FM ne s'était pas trompé, je pris une belle leçon de communication. Plutôt que de se confondre en excuses, le descendant de Bouddha regarda le Président droit dans les yeux et lui lança :

— Connaissez-vous cette fable tibétaine ?

Devant l'ahurissement général, il enchaîna : « C'est un vieux moine qui reçoit pour sa première leçon de philosophie un jeune bonze. Il lui dit : Je vais te poser trois questions. Réfléchis bien et réponds-moi. »

— Quel est l'envers du blanc ?

— Le jeune disciple répondit d'un trait : le noir.

— Bien, lui dit le maître, deuxième question. Quel est l'envers du jour ?

— La nuit.

— Troisième et dernière question : quel est l'envers de la vie ?

— La mort.

— Tu n'as rien compris, lui dit le vieux sage. L'envers de la vie c'est la naissance. Nous devons être occupé à renaître pas à disparaître.

Le Président éclata de l'un de ses rires si rares, mais si communicatifs. Le Dalaï-Lama prit place et alors commença le plus mémorable de mes dîners mitterrandiens. J'allais découvrir, au hasard des questions dont le chef de l'Etat assaillait le chef religieux, combien l'occupait Dieu, qu'il nommait les « forces de l'esprit », et plus encore la foi, qu'il cachait depuis son enfance dans une institution religieuse. Il y eut bien quelques échappées sur la Chine et l'oppression tibétaine, mais le sujet récurrent fut plus le sens de la vie que celui de l'Histoire. Seul retour à la politique, la liberté de la presse. C'était la rancœur affichée du pape de la non-violence :

— Comment tolérer cette oppression de la vérité que fait régner l'ordre chinois ? s'emporta le saint homme.

— Vous avez raison, lui répondit presque tendrement Mitterrand. Je m'enorgueillis, depuis que je suis dans cette maison, de ne pas avoir commis un seul abus de pouvoir. J'ai libéré tous les moyens d'information. Jamais la radio, la télévision, la presse n'ont été aussi libres. Peut-être ne le seront-elles jamais autant.

Puis viendra l'introspection :

— On se construit, poursuivra Mitterrand, par ses actes et aussi ses réflexions. Je me suis construit à ma manière. A vingt ans, je n'étais que le miroir grossissant de mon milieu, une petite bourgeoisie sans éclat ni velléité, mais catholique et patriote, française et fière de l'être. J'étais un jeune homme conformiste et classique. La révolte viendra plus tard. Vers trente ans, je choisis ma voie, celle de la politique. Puis viendra le socialisme. Je n'ai jamais eu à le regretter. La liberté, cela s'apprend. Vous ne trouvez votre propre liberté d'expression qu'au bout d'une longue contrainte. J'y ai mis une bonne moitié de ma vie. Enfin, je me sens libre parce que sûr. Je sais comment faire. J'ai longtemps souffert d'infériorité avec une timidité telle qu'elle a paralysé ma jeunesse. Dès mes premiers pas politiques, la presse m'a affublé du vocable d'homme de l'ombre et du mystère. Le « mystère » était dans ma timidité.

— Et que voudriez-vous qu'il reste de vous ? lui demanda ingénument son invité.

— Je voudrais qu'à la fin des fins on dise de moi que j'ai fait plus de bien que de mal.

— Mais je n'ai rien à vous apprendre sur la sagesse, monsieur le Président, conclut le maître avec son sourire mi-angélique, mi-malicieux.

Ces moments de mise à nu étaient rares. Il les réservait, par bribes, à ses interviews télévisées, mais dans l'intimité, il n'avait que peu de pensées intimes. La curiosité de l'autre l'emportait toujours. Il ne se livrait pas, il vous poussait à vous livrer vous-même. Pour le faire se dévoiler, il fallait le surprendre. Je m'enhardirai un jour à lui poser la seule question qu'il n'aimait pas qu'on lui posât : « Et Bousquet ? » Je le vis pâlir.

— Je ne comprends pas l'acharnement de mes ennemis et parfois même de mes amis sur ce sujet. J'ai la conscience tranquille, on attend que je m'excuse mais de quoi ? En 1950, lorsque je l'ai fréquenté et bien peu, il était un libre citoyen. Il menait ses affaires entre les milieux de la finance et ceux de la presse. C'est ce qui nous a fait nous croiser. Ce n'est que début 1986 que l'on saura que la Haute Cour qui l'avait blanchi en 1949 n'avait pas eu accès à l'ensemble des faits sur la rafle du Vél' d'hiv'. De ce jour, je ne l'ai plus revu. Et l'on voudrait que je porte la faute d'éléments de l'histoire que ni la justice, ni moi ne connaissions.

Comment douter ? Je le sentis meurtri de cet injuste manque de confiance, lui trois fois échappé d'Allemagne, résistant, qui n'a jamais cessé de combattre le nazisme et l'antisémitisme. Quant à Bousquet, je n'ai qu'une explication qui me sera donnée par Jacques Attali : ce triste personnage pratiqua, sous Vichy, le pire et le meilleur. Jacques me révéla qu'un soir du début du premier septennat, FM le convia à dîner au restaurant politico-parisiano-médiatique, Chez Edgar. A sa stupéfaction, il se trouva au milieu d'une dizaine de convives, dont Bousquet. Il hésita à quitter la table mais ne voulut pas froisser le Président. Le raccompagnant dans la soirée, rue de Bièvre, il se livra :

— Comment avez-vous pu m'inviter en même temps que ce bourreau ?

La réponse leva l'énigme.

— Sachez, Attali, que chaque personne qui était ce soir à ce dîner lui doit la vie.

Mais pourquoi ne pas s'en être expliqué au seuil de son second septennat et de sa vie, lorsque, le 12 septembre 1994, Jean-Pierre Elkabbach interrogea un Mitterrand très diminué par sa chimio sur le torrent de boue déclenché par le livre de Péan ? Il évita une énième fois le sujet. Les chevaux d'orgueil sont ainsi : ils se cabrent mais ne se couchent pas.

Mitterrand, triomphant

Comment choisir, dans le bric-à-brac de tant d'heures passées avec cet être, celles qui m'ont le plus touché ? Instinctivement, je me tourne vers les deux journées de 1981 et 1988, où il est devenu un homme au-dessus des hommes : le Président.

Toutes les histoires d'amour ont leur minute d'extase. Ce 10 mai 1981, le film, débuté huit mois plus tôt sur la banquette fatiguée du Pactole, allait trouver son happy end. J'allais le vivre en direct. Nous arrivâmes avec Sophie à l'hôtel du Vieux-Morvan vers midi. Je me rappelai l'ambiance sanguine de la foire de Laguiole, le plus grand marché aux bestiaux de France. Cette foire avait coloré ma jeunesse. Petit Louis allait en pèlerinage chaque année retrouver son copain de fac devenu le médecin tout-puissant du village. Nous traversions la moitié du pays pour nous imbiber du parfum de cette terre à vaches. Je la sentirai en m'approchant de Château-Chinon : même densité paysanne d'un jour d'exception, même anxiété retenue, même ferveur. Le déjeuner se tint dans l'arrière-salle, nous étions une quinzaine. Danielle Mitterrand, émue comme une jeune fille le jour de ses fiançailles, Irène Dayan, la femme de l'intime disparu, Christine Gouze-Renal, belle-sœur solidaire de toutes les luttes, Roger Hanin, ministre à vie de la joie de vivre du clan, Noëlle et Georges Vinson, les amis de vingt ans de François et, néanmoins, mes beaux-parents, et Mitterrand lui-même serein et tendre, jouant les pater familias.

— Trompons notre faim, lança-t-il, c'est encore la meilleure façon de tromper l'attente.

J'étais subjugué : comment peut-on, à ce point, jouer les calmes quand le feu dévorant de l'issue du combat de sa vie vous habite ? Intarissable et impassible, il veillait à tout. Sachant que j'aimais les champignons, il me conduisit aux cuisines pour me faire préparer une poêlée de cèpes. Je ne l'avais jamais connu aussi affable. Revenu à table, il se tourna vers moi :

— Séguéla, et si vous nous parliez de la suite !

Paralysé par la nervosité, je répondis une banalité. Je ne m'étais jamais senti aussi vide.

Avant même le dessert, FM s'éclipsa. Je proposai un pèlerinage à Sermage, la petite église de la Force tranquille à une vingtaine de kilomètres de là. Nous partîmes à quatre ou cinq mais le cœur n'y était pas. Vers dix-huit heures, j'eus les premières fourchettes communiquées par Danièle Molho, du *Point*. Je m'enquis de Mitterrand. Il était toujours dans sa chambre. Je grimpai à l'étage, frappai à la porte, entrai pour le trouver achevant sa sieste. C'était une chambre d'un petit hôtel de campagne, un simple lit de fer, une table de nuit tristement assortie, une chaise fatiguée. Quelle belle antichambre du pouvoir ! Et quelle maîtrise de soi ! Ainsi il pouvait dormir à quelques heures d'un rendez-vous pareil ! J'annonçai d'une voix blanche :

— 52/48, monsieur le Président.

— Calmez-vous, Séguéla. Les sondages nous ont joué trop de tours pour que l'on pavoise trop tôt. Nous attendons depuis vingt-deux ans, sachons attendre quelques minutes de plus. J'attends le verdict des Renseignements généraux.

Je redescendis. L'assistance savait mais le recueillement bridait la joie, nul n'osait croire à la victoire avant que son vainqueur ne l'annonçât. C'est l'instant que choisit Mitterrand pour faire son entrée. Personne n'eut besoin de poser la question fatidique. Menton en avant, profil de médaille, l'histoire l'habitait déjà. Soudain, je le vis venir vers moi. Le silence se fit, j'allais être le premier interlocuteur du nouvel élu. Son regard plus doux, plus intense que je ne le verrai jamais, me sourit. Je l'entendis dans un brouillard me dire :

— Merci, Séguéla. Je vous dois beaucoup.

Et avant que je puisse articuler un mot, il m'embrassa. Je vais vous paraître pompeux et pompier, cela ne vous étonnera guère, mais je sentis au fond de moi comme un baiser de l'histoire.

Mitterrand, dernière

C'est vert. Vert et beau à l'infini. Çà et là une vache rumine le temps. Nous suivons la route selon le pointillé, elle découpe le paysage. A droite, à gauche, le Morvan étale sa quiétude, l'actualité, elle, bat la chamade. Sept ans plus tard, pour Sophie et moi, c'est un pèlerinage. Nous voici à nouveau à Château-Chinon, certes moins anxieux que la première fois, mais l'émotion est la même. François Mitterrand se posera en hélicoptère à l'entrée du village. Il gravira le dernier kilomètre à pied. La marche prit les allures d'un Solutré miniature : gardes du corps, villageois, journalistes, intimes le suivant d'un pas de pèlerin. Il y a sept ans, l'arrivée avait eu lieu en voiture et en solitaire. Le socialisme avait fait son chemin. Le propriétaire du Vieux-Morvan, l'ami des jours difficiles, s'en était allé. Sa veuve nous reçut dans sa maison au bas du village. La table était strictement familiale : Danielle, l'épouse du Président, Christine Gouze-Renal, la belle-sœur, et Roger Hanin, le beau-frère. Seuls invités, le maire, deux ou trois piliers politiques du village et nous. Cet honneur était le merci du Président à son publicitaire, il ne m'en fera plus d'autre. L'humeur était campagnarde et dominicale, le déjeuner insouciant. Mitterrand, à la stupéfaction générale, se mit, la chose était rare, à jouer les chansonniers :

— Un vieux président, lança-t-il, passe la main au jeune successeur qu'il s'est choisi. Il profère les conseils d'usage. Les premiers six mois, tout ira bien, l'état de grâce vous portera.

Puis viendront les premières grèves. Pas de panique. Convoquez les télévisions à l'Elysée, descendez au coffre, j'y ai laissé trois enveloppes, ouvrez la première, elle vous dira que faire : faites et les sondages vous porteront à nouveau et vous laisseront tomber un an plus tard. Même technique, allez au coffre et décachetez la deuxième enveloppe. Faites votre déclaration, les Français vous redonneront leur amour jusqu'à un nouveau durcissement général. Tout semblera vous échapper. Pas de panique. Précipitez-vous une dernière fois au coffre et décachetez la dernière missive. Moins de six mois après son élection, l'apprenti président fut en difficulté. Il lut le premier message : « C'est la faute de mon prédécesseur. » Il se rendit au vingt heures, l'émission fut sa rémission. Un an plus tard, la deuxième enveloppe lui dit : « C'est la faute à la conjoncture. » Le remède opéra jusqu'à la nouvelle rechute. L'impétrant, sûr de lui, ouvrit le cœur léger l'ultime recommandation et lut : « Préparez trois enveloppes. »

Le café bu, FM se leva :

— Pardonnez-moi, il faut que j'aille faire mon travail.

Tout Mitterrand est là. Sa victoire est déjà acquise. Tous les sondages le mettent à 54/46 (pour une fois ils diront vrai). Plutôt que de jouir de ce dimanche de victoire, il se consacrera à sa tâche.

Il écrira cet après-midi-là, de ce petit bureau rural, un des plus vibrants appels à l'avenir : quarante lignes traçant celles de son second septennat.

La salle à manger s'était partagée en deux. D'un côté, les intellos : Danielle Mitterrand et sa sœur, Roger Hanin et Sophie faisaient un Scrabble. Ayant partagé les vacances de Latche, celle-ci retrouvait ses habitudes, proches de cette famille. De l'autre, les sportifs en chambre : avec Jean Glavany et le maire, nous suivions le match de rugby sur la 2.

A 17 h 30, le Président sortit de son bureau. Les dernières fourchettes tombèrent : 53,5. Mitterrand, jusque-là si calme, s'enflamma :

— Ainsi, avec ses embrouilles de la dernière semaine, il n'aura donc pas pris un point. Qui a dit que les Français étaient des veaux ?

La quiétude de cet après-midi familial se voila d'un coup. Le Président se libérait d'une campagne, pour lui la plus sauvage de toutes, malgré les apparences :

— Je peux vous le dire aujourd'hui, si le sort nous avait été contraire, j'aurais craint le pire pour la France.

La politique avait repris le dessus. FM m'appellera pour quelques questions. Je tenterai de retrouver son visage d'il y a sept ans. A mon étonnement ses traits sont à peine tirés, le regard gris plus perçant, la bouche plus dure. Il se tourna vers moi :

— Pour mon discours de ce soir, que me dites-vous ?

Je savais qu'il était déjà écrit, la question n'en était pas une. Qu'importe :

— Monsieur le Président, vous avez été trop court dans votre prestation du premier tour, trop court et trop tard. A vingt-trois heures, les Français sont couchés, même un soir d'élection.

— Comment cela trop court ?

— Votre appel aux Français n'a duré qu'une minute, c'est la durée d'un spot de pub. Par bonheur la politique n'en est pas encore là.

— Mais, Séguéla, vous n'entendez rien à la politique.

— Raison de plus pour rêver, un tel jour, de vous écouter plus longuement.

Lorsqu'il était agacé, FM changeait de sujet comme s'il changeait de pied pour mieux vous dribbler :

— Séguéla, nous avons fait une belle campagne, finalement plus belle que celle de 1981.

— Monsieur le Président, on apprend avec l'âge, celle de 1995 aura zéro défaut.

— Ne rêvez pas, Séguéla !

A vingt heures, la une sacre notre numéro un. Roger Hanin commence à déboucher le champagne mais le nouveau Président l'interrompt.

— Je ne suis pas heureux pour moi, mais pour les Français. S'il m'avait battu, c'est la France qui aurait été battue. Ce personnage est incapable de gouverner ce pays. Il n'aurait pas tenu deux ans.

L'avenir lui donnera presque raison. Lionel Jospin reprendra, vingt mois après son élection, le pouvoir à Jacques Chirac. Hélas, il ne saura pas (et son publicitaire moins encore) le garder le jour venu de la présidentielle 2002. On a cherché bien des causes à cette « impossible défaite ». Et si la vraie raison était l'absence, chez Lionel, de cette « gagne » dévorante qui animait Mitterrand.

Place enfin aux effusions et aux bulles de Moët & Chandon. Mais FM n'en avait pas fini avec ses règlements de comptes. Sur la 2, Paul Amar, pour son premier commentaire, prophétisera la nomination de Michel Rocard comme Premier ministre. Mitterrand se hérissera aussitôt.

— Quand cessera ce besoin journalistique de politique-fiction ? A peine suis-je élu que l'on veut me forcer la main. Un peu de retenue, de grâce !

Chacun autour de la table connaissait ce choix depuis déjà deux mois. Et lui savait que nous savions, mais il ne pouvait se départir de ce double langage de président.

Nous quittâmes en rangs serrés la maisonnée pour la mairie à quelques centaines de mètres de là. Le nouveau chef de l'Etat s'avança, précédé d'une ola ondulant à travers le public. Sur le parvis, les caméras du monde l'attendaient. Le premier speech de Mitterrand II sera deux fois plus long que celui de Mitterrand I. M'aurait-il écouté ?

Il revint vers nous, aperçut Sophie, s'avança vers elle et l'embrassa, lui disant à l'oreille : « Merci pour cet enfant putatif, la Génération Mitterrand ne pouvait pas trouver mère plus belle. »

Ai-je eu plus belle rencontre ? La première fois que je l'ai vu, il a prôné la citoyenneté et ma pensée s'est faite plus solidaire. La deuxième, il m'a enseigné la conviction, j'ai perdu un peu de ma légèreté d'âme. La troisième, il m'a appris les arbres, ma vie s'est faite plus curieuse. Enfin, il m'a parlé des hommes, et j'ai compris, moi le singulier, le sens du mot pluriel. Puis il y a eu, comme pour toute rencontre, comme pour toute existence, les bonheurs et les heurts, les espoirs et les désillusions, les affections et les défections.

Qu'importe. Du jour où je l'ai connu, mon existence n'a plus été tout à fait la même : il m'avait permis de côtoyer, même à la frange, l'histoire. Mieux encore : un peu de son histoire.

VII

Le parti des autres

(Rencontre avec l'amitié)

Fils unique, si mal construit pour la solitude, j'ai découvert très tôt l'amitié par la fratrie. Avec Jean-Claude, j'ai brûlé mon premier quart de siècle au feu de joie des quatre cents coups de notre adolescence, puis de la grande évasion de notre jeunesse. Une fusion qui nous fera tout vivre à deux. Un couple sans sexe mais avec le même besoin de tout se dire, de tout partager, de tout entreprendre ensemble. Et voici que nous allons fêter nos soixante-dix ans d'inoxydable complicité. J'aime les amours qui durent, ceux qui se brisent sur les récifs de l'existence sont-ils vraiment des amours ?

Puis vinrent les amitiés de fac que la vie sèmera au vent de nos carrières, nos mariages, nos dérives. Ils ne m'en reste que quelques cendres. Suivirent les amitiés professionnelles. Elles durèrent ce que dure le succès. C'est normal, le business n'a pas de cœur, si ce n'est artificiel. Que la pompe à fric ne soit plus alimentée et les battements de cœur s'arrêtent. Restent mes amitiés, celles que l'on choisit en dehors de son job, en dehors de son cercle. Ce sont les plus durables et donc les vraies. Seule l'attirance intellectuelle les motive, ce besoin de frotter sa cervelle à celle d'un être qui vous emmène plus loin, plus haut, plus vite. Une vingtaine de fréquentations d'exception forment ainsi la *dream team* de ma vie. En deux vagues : celle de mes quarante ans toujours vivace que relate ces pages, celle plus tardive de Guillaume et Diane, Guillaume et Perry, Olivier et Christine, Karl et Daisy, Vincent et Anaïs, Jean-Claude et Fouzia, Eric et Nathalie, Robert et Dominique trop fraîche pour la décrire avec recul. J'ai besoin de temps pour coucher mes affections sur le papier. Elles sont trop intimes, trop personnelles. Et au-dessus flotte ma conscience : Jean. Mais comment écrire sur celui qui, en trois pages de préface, s'est mieux révélé que je saurais le faire. Tout en me révélant mieux que je l'ai réussi en un livre entier.

César, le sculpteur de tendresse

Dix ans déjà et il est toujours là, présent à jamais. « La création, répétait-il, n'est pas l'idée mais la présence. » Il entrait et, de son mètre soixante-cinq, occupait la place. A l'instant, meubles, objets, personnes s'évanouissaient. Empereur du lieu, il prenait possession de l'espace et du temps. Il était son œuvre en résumé, compressé dans son physique, en expansion dans son esprit, en acier trempé dans son caractère, soudé dans ses fidélités, d'un bloc comme ses amas de ferrailles fusionnées. César était un César.

Avec lui, la sculpture est devenue une identité, son identité. « Je suis un artiste radical », se plaisait-il à répondre à ses détracteurs. Faux. César est un artiste global, touche-à-tout de génie : de la ferraille comme du cristal, de l'acier comme du marbre, de l'or comme du plastique, de la tôle comme du verre.

Œuvre protéiforme, déconcertante et cependant si homogène, si logique. Précurseur de ce qui deviendra l'altermondialisme, César a fait nos poubelles et puisé dans nos décharges la matière première de son recyclage artistique. Précurseur, tout autant, du gigantisme industriel, il est le premier artiste du monde à s'être servi d'une machine pour créer une œuvre d'art. Précurseur, enfin, de notre ère du méga, il fera de l'agrandissement un geste culturel. De son pouce, il créera un monument gullivérien de douze mètres de haut et du sein d'une danseuse du Crazy Horse un monument de cinq mètres de diamètre. Quel parcours pour ce fils adultérin d'un tonnelier italien et de la société de consommation !

J'ai oublié la date (fin des sixties, début des seventies ?), j'ai oublié le lieu (était-ce déjà le Stresa ?), j'ai oublié l'assistance. Je ne me souviens que de lui. Sa barbe mi-Hemingway, mi-Moïse, mi-Victor Hugo que seul peut porter sans ridicule un visionnaire iconoclaste : tantôt herbe folle lorsque César, trop occupé à créer, oubliait de la lisser, tantôt lustrée lorsqu'il voulait plaire. L'homme était ainsi, oublieux du quotidien lorsque, en bleu de chauffe, il était dans les affres de ce qu'il appelait « son travail » et soudain coquet, raffiné, recherché lorsqu'il retrouvait le monde.

Seul le regard ne changeait pas : deux grands yeux chocolat, malicieux comme l'enfant des rues qu'il n'a jamais cessé d'être, curieux comme le dévoreur de son temps qui a voulu tout connaître, ténébreux comme l'artiste mal connu, mal aimé qu'il fut en son miroir d'angoisse. Enfin, il y avait l'accent jamais perdu de la Belle-de-Mai et le langage à l'unisson : du Pagnol revu et corrigé par le titi marseillais qu'il avait su rester. L'écouter était aller au théâtre de la rue. Quel spectacle et quel bonheur !

Nous nous vîmes et nous revîmes d'expo en cocktail mondain. Contrairement à la fausse réputation qu'on lui fit, il ne les courait pas, ce sont eux qui lui couraient après. Une fête ne pouvait être réussie sans qu'il la traverse. Il ne s'y plaisait pas mais avait cette faiblesse, qui rime avec gentillesse, de ne pas savoir dire non. César avait un cœur gros comme son pouce. Il le devait à ses débuts si ignorés, si prolongés. Pas facile de se faire connaître lorsqu'on prouve que l'art est dans tout, à condition de savoir le rendre artistique.

— Tu sais, m'avouera-t-il, je n'ai pas d'imagination, elle ne me vient qu'avec le toucher et les yeux. Sans ces deux éléments le cerveau ne fonctionne pas.

Notre trait d'union était Jean Nouvel. Inconnu en ce début des eighties avant que François Mitterrand ne lui confie, contre tous les avis, l'Institut du monde arabe, son premier grand projet architectural. Cette sculpture de verre et d'acier touchera César, qui avait connu l'élève architecte sur les bancs des Beaux-Arts où il enseignait. Ce fut l'envolée d'une longue amitié admirative. « Le génie c'est lui, c'est pas moi », ne cessera de me répéter César.

Les vacances nous rapprocheront tous les trois. Avec Sophie nous avions à Sperone, aux portes de Bonifacio, une maison blanche de bois face au turquoise de la mer, à l'argent de la plage et à l'acier des Lavezzi, cet îlot rocheux et périlleux. Avec Christine (Ockrent) et Bernard (Kouchner), nos voisins, nous enterrions les soucis de l'année à coups de pelletées de vie et de chansons. Jean se refaisait une santé en nageant plusieurs heures par jour, César jouait les cuisiniers. Sanglé dans un tablier plus grand que lui, il transformait la cuisine en restaurant cinq étoiles. Qui n'a pas connu ses spaghetti aux fruits de mer n'a jamais connu le nirvana de la « pasta ». Et César n'en finissait jamais de raconter Marseille, Jean de réinventer l'architecture, et moi la pub qui était encore poésie. Ce sont mes années les plus douces. De César j'apprendrai à cueillir l'art de vivre où il se trouve, dans la vie simple. C'était son autre don.

Jeune, César s'était marié à Rosyne. Le mariage avait débuté comme un film de Sautet. A fleur de bonheur, s'ébrouant dans l'écume des jours, plongeant dans les vagues affectueuses des copains et le flot d'insouciance du Quartier latin pour se noyer peu à peu dans les remous de la vie conjugale. Vinrent la séparation, la solitude, les années polissonnes lorsque se glissa dans sa vie celle qui sera son plus bel amour. Dix ans de bonheur neuf, sans une ébréchure, où se multiplieront expos et rétrospectives à Paris, à Malmö, à Milan, à São Paulo, à Mexico. L'accompagnant partout, l'accompagnant en tout, Stéphanie Busuttil deviendra pas à pas la Césarine. Sa dame de cœur et de confiance à qui il léguera le droit moral et l'avenir de son œuvre. Quarante-cinq ans les séparaient et tout les rapprochait : le quotidien, la sculpture, les amis. Le Paris médisant ne se priva pas de médire. Pour avoir vécu au plus près de ce couple, avoir partagé tant de repas, tant de voyages, tant de vacances, je sais que c'était un bel amour que seuls ceux qui ne l'ont pas connu chercheront à salir. Ensemble ils achèveront l'œuvre de César à coups de compressions géantes, 960 tonnes de journaux pour le musée de Bâle, 520 tonnes de ferraille pour la Biennale de Venise, autant de tonnes de vieux chiffons pour une célébration à Marseille et presque autant de Fiat neuves, repeintes aux couleurs de la gamme de l'année, qui feront le tour du monde.

César aimait la pub. Cet « ersatz créatif » que méprise l'ensemble de la gent artistique réveillait son âme d'enfant. Il voulait tout savoir de ce métier qui s'inventait. Le moindre slogan le faisait rire, le moindre spot le charmait.

— Tes trucs, ce sont des sculptures sur papier, ça vous arrête l'œil.

— César, elles ne durent que l'espace d'un matin, l'espace d'une pub.

— Ce n'est pas le temps d'exposition qui compte mais le choc. Quelques secondes que l'on n'oublie pas.

Je collectionnais les boîtes publicitaires, elles couvraient le mur entier de notre salon, il y en avait plus de cinq cents. L'enfant de la Belle-de-Mai s'y attardait, les déchiffrait, les comparait. Lorsque je le voyais s'attendrir sur l'une ou l'autre, je la lui offrais, ses yeux de gosse s'allumaient.

— Et si je compressais ta passion, me lança-t-il un jour en guise de merci. Fais-moi livrer ton bric-à-brac à l'atelier.

Un mois plus tard, mes boîtes compressées formaient une boîte géante où s'entremêlaient tous les logos du monde. Ce diable avait fait de la pub une œuvre.

En 1986, César créa le césar. Ce presse-papier édité à la chaîne que brandissent les stars sur le podium de leur consécration. Signe du destin : avec Richard Raynal, le plus pur des créatifs des eighties, nous fûmes choisis pour notre film Citroën le plus romantique. Dans un quartier d'affaires très Manhattan, une centaine de chevaux s'enfuyaient d'un parking pour retourner dans le désert aux portes de la ville et signer leur évasion d'une chevauchée fantastique en forme de double chevron. Cet honneur fait à mon métier ne fut pas du goût des cinéastes qui n'apprécièrent guère ce mélange de torchons et de serviettes. Ils exigèrent que la pub soit écartée des prochains palmarès. C'était la pub ou le ciné, pas les deux. Comme s'ils n'étaient pas faits de la même pellicule et par les mêmes talents ! César me consola à sa manière :

— Ne te plains pas. Ton César est le seul qui vaille. Aucun publicitaire n'en aura jamais d'autre, celui des acteurs est un multiple, le tien est unique.

Est-ce pour honorer à sa manière la marque de ma vie ? César me demanda, quelques années plus tard, de lui fournir quatre ou cinq carrosseries neuves de Citroën ZX. Il tint à les choisir en personne. Son arrivée sur la chaîne fut un petit bonheur. A ma surprise, tous les ouvriers connaissaient le sculpteur. Le respect qu'ils lui portaient était touchant. Ils l'assaillaient de questions sur son travail. César se prêtait au jeu avec tendresse. Ses interlocuteurs le pressaient avec vénération : ce petit bout d'homme s'apprêtait à faire entrer leur ouvrage dans un musée. Il en fera le clou de son pavillon à la Biennale de Venise de 1995. De ses compressions il s'échappera de géantes galettes noires de quelques centimètres d'épaisseur, ayant gardé intact le lustre de leurs peintures d'origine. Seuls les compteurs avaient été épargnés de l'écrasement. Clin d'œil de l'artiste, ils affichaient tous zéro kilomètre, prêts à prendre la route de l'immortalité.

Pour remercier Citroën, César leur proposa un exemplaire de la série consacrée par le succès vénitien. Il orne, depuis, le seuil de l'usine d'Aulnay.

L'été dernier, Stéphanie Busuttil et Jean Nouvel firent à la galerie Cartier une rétrospective César. Le succès fut impérial, le Tout-Paris des Beaux-Arts et des belles manières ne tarit pas de superlatifs. Ceux-là même qui l'avaient boudé de son vivant le déifièrent. Pourquoi faut-il toujours attendre la mort des grands artistes pour oser reconnaître leur génie ?

César, là-haut, jubile, je l'entends, mais j'espère que ne lui aura pas échappé la réaction du comptable de l'usine d'Aulnay qui, pour l'occasion, avait prêté sa sculpture et demandé aux organisateurs :

— Et pour l'assurance, à combien dois-je estimer la voiture ? Au prix du neuf ou de l'occasion ?

J'aurai, avec Sophie, la chance, fût-elle cruelle, de vivre en Corse le dernier été de César. Ce mois d'août 1998, son cancer, presque oublié, se réveilla brutalement, le ravageant. César n'avait que soixante dix-sept ans et, soudain, le poids de cette vie d'artiste ayant si longtemps attendu la gloire l'accablait. Son dos se vengeait de tant de fonte remuée. Il souffrait mais ne perdait rien de cette soif de bonheur dont il s'était toujours enivré.

— Je suis trop oisif, me dit-il soudain, il me faut pétrir quelque chose.

Dans le salon, sur la bibliothèque s'alignait une minicollection de petits bateaux de tôle venus des Philippines. Sombres cargos fanés, barques de pêche colorées, vieux steamers à cheminée rougeoyante : des jouets d'enfants pour adultes. Sans valeur si ce n'est la plus chère, celle du rêve. César en choisit trois.

— Découpe-moi trois planches de un mètre sur cinquante centimètres et peins-les en blanc, elles nous serviront de toiles.

Quant à la presse, il l'inventa sur place : il glissa chaque bateau sous les roues de mon 4 × 4 et me fit, en plusieurs allers-retours, réduire l'ensemble en plaques uniformes. J'assistai, médusé, à la naissance d'un César. Le ferrailleur avait fini sa tâche, le sculpteur commença son œuvre. Il disposa, en les collant, chaque éclat de tôle avec une minutie d'horloger. Au début, ce n'était qu'un jouet éventré sans signification ni force, une plaque de tôle peu reconnaissable et des dizaines de brindilles éparpillées. Deux heures après, naissait un bateau fantôme, voguant en pièces détachées sur l'océan de notre imaginaire. L'un des tableaux est aujourd'hui dans mon bureau, entre deux feuillets noircis. Lorsqu'une nouvelle page reste blanche, je lève les yeux et j'imagine un peu de l'âme de César naviguant dans les brumes de l'au-delà et aussitôt l'inspiration revient.

Le retour à Paris fut une longue souffrance. César ne quittait plus sa chambre, mais il continua de distiller cette truculence de vivre qui avait été son meilleur antibiotique. Le Stresa dont il avait fait la gloire lui portait chaque midi ses plats préférés, tagliatelles à la truffe blanche, minestrone de paysan, spaghetti ailo peperoni, poêlée de cèpes à l'huile d'olive... Chaque dimanche, de retour de la campagne, j'allais me glisser dans son lit pour lui rapporter les derniers potins financiers et politiques. Il n'avait rien perdu de sa curiosité caustique. Il voulait tout savoir et d'abord savoir tout ce qui ne devait pas l'être. A chaque cancan, il caressait sa barbe à malice puis plongeait dans le tourbillon de ses souvenirs. Nous étions comme deux collégiens dissipés, riant de tout et nous moquant du reste. Je n'ai jamais autant aimé cet homme que par ces fins d'après-midi où le temps suspendait sa ronde macabre.

Un noir dimanche de décembre, j'arrivai pour notre séance de piapia. Une heure plus tôt, l'oiseau s'était envolé.

Ave César !

Christine Ockrent, ma reine de cœur

Longtemps, je n'ai eu qu'une amie femme, qui m'en dira la raison ? Nulle autre sinon Christine. J'ai connu Christine Ockrent par la télévision. Banal pour une reine cathodique mais, hélas, c'est moi qui me trouvais dans l'étrange lucarne. Et à ma triste habitude, je dérapais. Les médias commençaient leur persiflage qui, vingt-cinq ans plus tard, deviendra manipulation. Une équipe de la une débarqua à mon bureau : « En dix phrases dites-nous le bien et le mal que vous pensez de Christine Ockrent. »

Rien de plus fallacieux que ces interviews-minute qui vous cueillent à froid entre deux réunions. J'étais moins aguerri qu'aujourd'hui. Je tombai naïvement dans le piège. Les journalistes ne garderont que la phrase assassine, la seule négative : « Quel dommage que cette femme pro nous présentent les nouvelles en femme-tronc qui aurait avalé son parapluie. » Les mécréants s'étaient, de plus, bien gardés de me dire que ma séquence était projetée à la reine lors d'une émission qui lui était consacrée. Elle me dépeça en direct, comme elle sait le faire. La riposte fut si vive qu'elle déclencha une vague houleuse de lettres de téléspectateurs offensés par mon crime de lèse-majesté. Penaud, j'envoyai treize roses à la reine et l'invitai à venir en Corse cet été-là. Toute autre star de la télé aurait donné le bouquet à sa concierge et tourné le dos à tout jamais au pénitent impénitent. Christine est une femme de cœur. Elle me téléphona pour passer l'éponge. Ma première amitié féminine venait de naître.

Je suis fils du Sud avant d'être fils de pub. Chez nous, tristes machos, la fraternité des mâles est atavique. Les rapports avec la gent féminine sont sexuels ou ne sont pas. J'aurai donc perdu un demi-siècle avant de découvrir les délices de l'amitié d'une femme. Cet autre don de la vie.

Christine est tout ce que je ne suis pas et que je devrais être. Sa première qualité est sa discrétion. L'art suprême d'une star est de faire parler d'elle sans jamais parler de soi. Marlon Brando ironisait : « Les plombiers ne passent pas leur temps à discourir sur leurs tuyaux. Pourquoi les acteurs passeraient-ils leur temps à vanter leurs rôles ? » Mme Ockrent ne donne jamais plus de trois interviews par an et s'est toujours tenue à l'écart des tempêtes qu'elle déclenche malgré elle. Hélas, je n'ai pas su suivre son exemple. J'ai galvaudé tant d'heures à parler plus à tort qu'à travers, mais ma nature est ainsi. Comme César, je ne dis jamais non. En rien par culte de la gloriole. A quoi me servirait-elle : je ne suis ni artiste ni politique. La vérité est ailleurs : dans cette logorrhée de plateau, je fais des rencontres que je n'aurais jamais faites, j'aborde de nouvelles rives, je découvre de nouvelles têtes. Cette médiatisation, c'est ma culture physique sociale qui a, en prime, l'avantage de me procurer, sans attendre, une table dans n'importe quel restaurant parisien. Je ne suis pas sûr d'avoir pour autant acquis Christine à ma cause. Sur ce terrain, elle est plus rigoureuse et plus professionnelle. Sa nature est ainsi.

— La seule chose qu'on ne dit jamais sur ce métier, m'a-t-elle si souvent répété, c'est que c'est une leçon d'humilité permanente. Lorsqu'on me qualifie de star, j'ai envie de me retourner pour savoir de qui on parle derrière moi.

Cette humilité qui m'a tant manqué n'est autre que cette vertu des sages : la pudeur. D'elle, les Français ne connaissent que la moitié : intelligence, solidité, pugnacité, invincibilité. La Ockrent, quand elle redevient Christine, est vulnérable, émouvante et secrète, plus homme que ses concurrents dans son métier, plus femme que ses rivales en amour et pourtant petite fille :

— J'ai toujours combattu ma timidité. Je la cache mais elle demeure en moi : on ne fait pas ce job par hasard, c'est un métier thérapeutique pratiqué par ceux qui ont une certaine forme d'angoisse par rapport au temps, aux autres.

Sa distance n'est que prudence, son silence, sélectivité, sa rudesse, exigence. Etrange assemblage d'énergie brute et de délicatesse profonde. Une vertu de reine. Face à cette tendresse enfouie s'affiche une intelligence au laser. Rien n'échappe à sa sagacité, rien n'altère son efficacité. Ni son affect, ni son engagement, ni les pressions ne troublent son jugement : une vertu de roi.

J'avoue qu'avant de la connaître, je n'imaginais pas que le rigorisme poussé à ce niveau pouvait avoir un cœur. Paul Valéry disait de la poésie : « C'est la rigueur imaginative », la formule va comme un gant de velours à la main de fer de Christine. Elle est un décodeur de conscience. Son sourire vire au dédain ou à la complicité selon qu'elle vous juge blanc ou noir. Le gris n'est pas sa couleur d'âme. Elle est ainsi en amitié. Avec elle, c'est toujours ou jamais. Si c'est toujours, alors se découvre la femme cachée derrière la femme de télé.

Comme beaucoup, avant de la connaître, je croyais à son égocentrisme, cette figure imposée de toute carrière réussie. J'osai lui en parler, elle me désarçonna en m'épinglant :

— Tu te trompes, pour faire ce métier, il faut accepter de ne pas être seul à forger les mots d'une page.

Elle me donnait aussi la définition du mien. La créativité publicitaire est plurielle. Qui peut se vanter d'être le seul géniteur d'une campagne ?

Comme beaucoup avant de la connaître, je la jugeais intello. Elle me remit, là aussi, à ma place :

— Je suis là pour faire partager aux gens la passion de leur temps.

C'est, en un mot, ce qui différencie le grand journalisme du journalisme ordinaire. Enfin, comme ses détracteurs qui s'effilochent au fil du temps, je la jugeais supérieure. Encore une déformation maligne du petit écran.

— Je sais, dit-elle, qu'il faut savoir conserver une distance entre celui qui dit et celui qui écoute.

La Ockrent ne se met jamais en avant, ce sont les Français qui la mettent en première place des grands journalistes de ce temps. Quelle que soit l'audience, quel que soit l'auditoire, elle reste notre madone cathodique. Francis Bouygues m'avoua, à l'issue du déjeuner, où elle signa, sur la une, sa place de directeur général, dès le lancement de la chaîne :

— J'ai de l'amour pour elle sans les inconvénients que cela pourrait lui amener.

Il résumait la passion des Français pour celle qui incarne, à leurs yeux, l'intelligence et l'intégrité, le professionnalisme et l'internationalisme, l'élégance et le talent d'un métier qui perd un peu plus chaque jour ses repères. Si loin de cette éthique anglo-saxonne où la profession de journaliste est une profession de foi. Les années passent, le talent de Christine reste, inoxydable, continuant de donner à son métier ses lettres de noblesse.

Mais cette femme-média n'est jamais aussi belle que lorsqu'elle retrouve son aventurier de mari, jamais aussi épanouie que lorsque son fils, le grand Alexandre, lui sourit. Et je ne me sens jamais aussi comblé que lorsque j'ai la chance de partager cette intimité. On n'est pas reine par hasard.

Kouchner, le d'Artagnan sans frontières

Il y a d'abord la gueule : un rien Robert Redford, la crinière faussement en bataille, les traits sculptés pour la caméra, le regard qui a toujours vingt ans et le front d'intellectuel au grand large : plissé, mais pas ridé, par tous les vents de la terre et des mers. Vient la gestuelle : des mains qui pianotent sur la musique des mots, des bras qui vous étreignent même emprisonnés dans le carcan d'un écran télé, et c'est alors qu'il vous décoche son message. Le signe devient sens, les phrases bon sens, les idées sixième sens. Bernard ne discourt pas, il vous entraîne dans sa course au long cours de l'histoire, qui n'en finit jamais de déclencher les mercis et les lazzis, les envies et les jalousies, les cœurs et les rancœurs. Une course en solitaire, une course planétaire qui l'ont fait couronner par *Times Magazine* l'une des cent figures les plus influentes du monde.

Afghanistan, Kurdistan, Nicaragua, Liban, Vietnam, Soudan, Liberia, Biafra, Darfour : combien de fois a-t-il regardé la mort en face ? Il n'a jamais baissé les yeux, il n'a jamais baissé les bras. Il a fait toutes les guerres de la misère, de la faim, de l'extermination. « Et l'amour aussi ! » Car sa raison d'espérer dans l'humanité est justement d'aimer les gens. Le *French Doctor* est médecin des corps, et tout autant médecin des âmes, et des consciences. Pour lui, un être mis à mal n'est ni blanc ni noir, ni riche ni pauvre, ni de droite ni de gauche.

— L'ingérence humanitaire est l'utopie de notre génération qui avait cru les enterrer toutes, m'assènera-t-il lors de l'une de nos algarades passionnées.

Avec Bernard, on ne discute pas, on s'affronte. Au moindre retour de flamme la conversation s'embrase. Et soudain : au feu ! C'est sauve qui peut. L'été 2006, nous étions en Turquie sur un de ces vieux caïques qui vous transforment en flibustiers le temps d'une croisière. Carla et sa guitare étaient du voyage, l'humeur était joyeuse. Au détour d'une phrase, je ne sais plus à quel propos, j'ai prononcé, sans la moindre intention raciste, l'expression « lobby juif ». Que n'avais-je dit ? Bernard se leva d'un bond et s'enferma sans un mot dans sa cabine. Christine, partie en éclaireur, revint porteuse d'un oukase kouchnérien : « Je quitterai ce bateau antisémite demain à la première heure ! »

Je n'en dormis pas de la nuit. Dès le réveil, je me confondis en excuses sans vraiment savoir quel avait été mon péché. Qu'importe, Bernard était déjà ailleurs, téléphonant à l'autre bout des mers. Il classera l'affaire d'un cinglant :

— Pour un communicant, tu devrais mieux choisir ton vocabulaire.

Qu'il conclura d'un sourire d'affection. Avec Bernard, quel que soit l'orage vécu, tendre est la vie.

En le fréquentant, j'ai acquis cette générosité spontanée qui est sa première nature. Je n'oublierai jamais l'une de nos premières sorties parisiennes alors que je venais de faire sa connaissance. Nous étions seuls, nous dirigeant vers un cinéma des Champs-Elysées, lorsque je le vis soudain me quitter au milieu d'une phrase pour slalomer entre les voitures l'injuriant à coups de klaxons. Je le vis surgir sur l'autre rive du flot de la circulation où une vieille dame terrorisée venait de se lancer impunément dans une traversée qui n'était plus de son âge. Bernard la tenant par le bras, affrontait à nouveau, sans l'entendre, la vindicte des automobilistes exaspérés. Il lui fit, pas à pas, franchir l'avenue et reprit le cours de sa phrase au mot exact où il l'avait laissée. Je compris, ce soir-là, quel était son vrai engagement politique : son parti, c'est les autres. Vingt-cinq ans plus tard, il n'en a pas changé.

Je lui dois aussi d'avoir eu la chance d'être accueilli dans son cercle. De Bernard-Henri Lévy à Finkielkraut, de l'abbé Pierre à Simone Veil, d'Yves Montand à Daniel Cohn-Bendit. Pas un déjeuner avec eux qui ne refasse le monde. Ils furent, ils restent ma bibliothèque vivante, mon université privée.

Bernard n'est pas tout et son contraire, comme le voudraient ceux qui le brocardent faute de l'égaler, il est tout le contraire de ce qu'ils sont. Ecouter puis parler, réfléchir puis agir, aller loin pour revenir au centre des choses, et par-dessus tout, haïr le mensonge, fuir l'hypocrisie, bannir l'injustice. Icône iconoclaste des médias starivores, il n'est pas l'homme du paraître mais de l'être. Pas l'homme du discours, mais du faire. Le seul homme politique, quinze ans durant, préféré des Français. Une célébrité que rien n'altère, ni ses dérapages verbaux, ni ses virages politiques.

Tel son dernier combat : celui d'avoir rejoint Nicolas Sarkozy en dépit des jacasseries de ceux qui se disaient ses amis. Comment eût-il refusé à la France cette ouverture aux autres quand elle en avait besoin ? Du plus loin que je me souvienne, j'ai entendu Bernard prôner le changement. Pourquoi aurait-il failli le jour où ce vœu se faisait réalité ? L'ouverture, il y participera donc à sa manière, sans se défiler, sans se renier. Changer de camp n'est pas changer d'âme. Le prix Nobel de la paix, par Médecins du Monde interposés, a, dès ses premiers mots de ministre, rappelé : « J'entends bien continuer à être du côté des opprimés. » Qui peut en douter sinon ceux qui s'en sont toujours gaussés sans jamais aller le prouver sur le terrain ? Et Nicolas Sarkozy serait-il tout à fait ce qu'il est sans l'aura et l'engagement de son ministre sans frontières ? J'ai su, avant même qu'ils ne se rejoignent, lorsque l'un et l'autre m'interrogeaient sur leur rapprochement, qu'il serait bénéfique. Je connais trop ces deux êtres si différents dans leur nature mais si unis dans leur amour de leur pays et si complices dans leur destin pour en avoir douté. Et qu'il parcourt, aux franges de l'Histoire et de la politique, ils réussiront ensemble.

Pour un homme, il n'est jamais facile de dire d'un homme qu'on l'aime. Mais comment parler autrement de Bernard ? Il fait partie de ces êtres pour lesquels on se prend de passion ou de haine, jamais d'indifférence. Justement parce qu'il n'est jamais indifférent à rien. Avec cette générosité illimitée qui lui fait oublier de s'occuper de lui à force de s'occuper des autres. Je n'oublierai jamais ce matin où il me sortit du lit.

— Jacques, j'ai besoin de toi. Viens.

— Mais où es-tu, Bernard ?

— Dans un bistrot de l'avenue Duquesne.

— Mais qu'y fais-tu, Bernard ?

— Justement, on va en parler.

Je le retrouvai quelques dizaines de minutes plus tard, blafard, devant son petit noir, mêlé à cette faune métissée des bistrots le matin. Livreurs à leur premier coup de blanc, cadres décortiquant leur croissant, accros du PMU attendant l'ouverture. Bernard, en ces lieux, avait tout de l'erreur de casting. J'avais oublié : le changement de gouvernement était devenu effectif ce jour-là. La description qu'il m'en fit me confondit.

— Je suis arrivé à mon ministère comme d'ordinaire à sept heures, le temps de ranger trois dossiers quand surgit mon successeur. Le passage de relais se fit en quelques minutes et quelques banalités échangées. Je me retrouvai seul, sans chauffeur, sans bureau, sans projet, sans emploi. Je n'ai pas eu la force de rentrer réveiller Christine et lui dire : Bonjour, je suis chômeur !

Curieux métier que celui de ministre, voué à laisser la place au premier nouvel élu venu. Comment rester soi-même dans ces passages de suractivité et de gloire entrecoupés de traversées du désert et plongés dans l'oubli. Un rythme si peu fait pour cette course à l'adrénaline qui est le moteur de Kouchner. Certes, il ne restera que quelques jours en arrêt avant que le monde ne l'appelle à nouveau. Mais il reviendra à la vie civile avec la nostalgie du service de l'Etat, quelle que fût son ingratitude. Tel est Bernard, perdu lorsque l'action l'abandonne et plus attendrissant que jamais. L'éternel ado reprend alors le dessus, le voici à nouveau prêt pour la première aventure venue. Sa vie n'aura jamais fini de toujours recommencer.

VIII

Double faute

(Rencontre avec l'échec)

En mitterrandolâtre primaire, j'étais, je l'avoue humblement, antijospiniste. J'aimais beaucoup Lionel avec qui j'avais conduit les deux campagnes présidentielles de 1981 et 1988. Il m'avait d'emblée paru bien au-dessus de la mêlée socialiste, ouvert (sans lui Génération Mitterrand aurait été refusée dès le premier niveau), cultivé, curieux, à l'écoute. Mais je ne lui avais pas pardonné les mots durs qu'il avait eus pour mon idole, notamment à propos de l'affaire Bousquet. Je partageais bien secrètement quelques-unes de ses déceptions mais de là à les mettre sur la place publique, il y avait un pas que je n'avais pas franchi.

Il était venu dîner en famille à la maison, nous avions échangé nos livres et les mots d'affection les accompagnant, sans plus. Je m'imaginais que nos rapports en resteraient là mais l'actualité s'en mêla. C'est toujours elle qui mène la danse. Fin mars 1997, les Français apprenaient soudainement la dissolution de l'Assemblée. La calme croisière présidentielle chiraquienne virait de bord et s'engageait, alors que nul le lui demandait, dans les quarantièmes rugissants d'une nouvelle élection. Lionel me convia à un petit déjeuner avec lui.

Jospin vainqueur

J'arrivai chez les Jospin. Première surprise : c'est sa femme en robe de chambre qui m'ouvrit. A mon bonjour interloqué, elle me répondit d'une voix de miel :

— Lionel n'est pas là, il va rentrer d'une minute à l'autre.

Je fus saisi d'un trouble. Ce mariage que les médias nous décrivaient sans faille sombrait-il déjà dans les découchages ? Mais Sylviane ajouta :

— Il est allé chercher des croissants.

Je fondis. Engagé dans une redoutable campagne, Lionel n'avait rien perdu de sa simplicité et de sa délicatesse. Il entra, mèche d'argent en bataille et regard d'éternel étudiant, et d'emblée, mit les choses au point :

— Avant toute discussion, je voudrais éclairer un point, quelles sont tes relations avec Jacques Pilhan ?

Jacques fut mon compagnon d'armes des deux campagnes mitterrandiennes. Mais, contrairement à moi, il décida de ne s'engager que dans la publicité politique, aussi est-il tributaire de ses aléas.

— Je n'ai qu'un client, m'a-t-il confessé : le Président. Que la France en change et je change de président.

Pilhan usa donc des derniers mois de règne de François Mitterrand pour se mettre au service de son éternel rival, Jacques Chirac. L'ancien ne lui pardonna pas, ni la gent médiatique. Quant à la gauche, elle le proscrivit. La félonie est tolérée dans les rangs politiques mais jamais chez leurs serviteurs.

Un moment interloqué par la brutalité de l'entrée en matière, je me ressaisis et essayai de répondre sincèrement.

— Lionel, j'ai toujours du mal à renier les gens que j'ai aimés, fidélité ou faiblesse, je ne sais. Quant à Pilhan, j'ai rompu toute relation professionnelle, le cœur serré mais la conscience libre. Je me sentais trahi par sa trahison même.

Comme la vie change. Je serais bien mal placé pour oser faire la même réponse aujourd'hui.

L'entrevue n'était pas celle que je croyais. Je m'attendais à l'onctuosité de ces premiers rendez-vous préélectoraux. J'en ai vécu plus d'un et ils sont cependant les mêmes : réservés, policés, défensifs. Je découvrais un nouveau Jospin, plus affûté, plus déterminé, plus maîtrisé qu'en 1988. La campagne de 1995 l'avait donc révélé. J'ai toujours pensé que la règle de l'évolution (« la fonction crée l'organe ») s'appliquait aux politiques plus encore qu'aux autres espèces animales.

La deuxième question fut aussi brutale :

— Jacques, je dois à l'honnêteté de te dire que si tu ne m'avais pas fait cette réponse, nous en serions restés là. Autre chose, je sais que tu as critiqué mon attitude face à cette fin de règne mitterrandienne que j'ai peu goûtée, qu'en est-il ?

J'osai répondre, la bouche un peu sèche :

— A-t-on le droit de juger celui qui vous a fait ?

— En politique qui fait l'autre ? trancha Lionel avant de poursuivre : Nous ne sommes pas là pour jouer les anciens combattants, mais pour nous engager dans un nouveau combat. Je crois peu à la victoire. Cette dissolution nous prend de court, tout a été comploté pour ne nous laisser aucune chance. Quatre semaines d'affrontement dont deux sont raccourcies par les ponts. Comment trouver le temps de convaincre ? Mais j'ai besoin de toi pour professionnaliser ma communication. J'ai patiemment, deux ans durant, reforgé le parti, commencé de rassembler la gauche éparse ; tout cela en prévision de 2002. Je ne voudrais pas voir ce travail de fourmi imploser sous les reproches d'une campagne trop imparfaitement menée.

J'étais donc là en paratonnerre. Suivirent l'état des forces en présence et, face à l'infernale machine élyséenne en marche, celui des faibles moyens dont nous disposions, les caisses étaient quasi vides. Je demandai à Lionel quelques heures de réflexion, non pour m'engager – j'étais déjà ferré –, mais pour élaborer une stratégie possible. Nous nous donnâmes rendez-vous ce même jour à dix-huit heures.

Curieusement, plus mon interlocuteur noircissait le tableau, plus il me semblait rose. Je retrouvais le parfum printanier et fleuri de 1981. En respirant la pollution parisienne alors que je regagnais mon bureau, je la sentais soudain moins poisseuse. Pour moi, en lançant cette dissolution sans raison valable, la droite avait fait la faute et, en politique, toute faute se paie cash.

J'arrivai haletant à l'agence et me précipitai chez Stéphane Fouks, ancien chef de cabinet de Rocard. Il était venu en 1991 créer notre filiale Corporate. Fouks est l'héritier de Pilhan, il en a la finesse politique et la force stratégique, il y joint la modernité et l'entregent. J'annulai tous mes rendez-vous, nous nous mîmes à l'ouvrage sur-le-champ.

Un mois et demi plus tard, nous célébrions une victoire que nul n'attendait. Lionel entra à Matignon et nous en grâce. Rien d'étonnant que cinq ans plus tard nous fussions appelés à reprendre du service pour la bataille décisive, celle de la présidentielle.

S'il y avait un scrutin où je voulais voir triompher mon héros, c'était bien celui de 2002. Sans doute étais-je trop impliqué. Règle au-dessus des règles : ne jamais être affectivement partie prenante dans un affrontement électoral. En politique comme en amour, la passion aveugle. Normal : les deux disciplines sont du même bois.

Est-ce cet excès de confiance qui me fit baisser la garde à l'approche d'une victoire annoncée par tous ? Est-ce l'influence néfaste de sondages trop favorables jusqu'à la veille du vote ? Est-ce le destin ? Qu'importe. J'ai, dans cette guerre de l'opinion, dont j'étais l'un des généraux, commis les fautes que je n'ai cessé de dénoncer au cours de ma carrière. Comment ai-je pu ainsi oublier mes préceptes acquis par trente années blanchies sous le harnais ? En vingt campagnes présidentielles aux quatre coins du monde, je n'ai connu qu'une défaite. Il a fallu que ce soit elle...

Certes, les circonstances atténuantes ne manquèrent pas. Le « traître de service », Jean-Pierre Chevènement avec ses cinq points volés à son propre camp, fut le premier responsable du désastre. Bien sûr, la multiplication des candidats et leur affrontement sans retenue, même lorsqu'ils étaient issus d'une même majorité, ne cessèrent de troubler les esprits. Quant au jeu dangereux de Chirac, instrumentalisant le thème de l'insécurité, avec la complicité plus ou moins intentionnelle des médias, il joua parfaitement son rôle déstabilisateur. Certes, la meilleure, pour ne pas dire la seule campagne bien menée, fut celle de Le Pen. Enfin, la victoire ne se joua qu'à 194 558 voix sur 41 millions d'inscrits. Mais, pour avoir été au cœur du dispositif, je sais que Lionel pouvait conquérir trois ou quatre millions de voix de plus, soit son score de 1995. Ce fut un parfait gâchis.

De mon côté, comment ne pas le reconnaître, j'ai laissé cette campagne m'échapper. Sur les deux ou trois décisions qui auraient changé le cours de l'histoire, je n'ai jamais trouvé les mots ni peut-être l'entêtement, à moins que ce ne soit le courage, capables de convaincre mon candidat. Et, surtout, je n'ai jamais pressenti le danger. Or, c'était mon rôle.

Au 1er janvier 2001, Lionel Jospin, après quatre ans d'exercice du pouvoir, bénéficiait d'une popularité jamais égalée par ses prédécesseurs à Matignon : un bilan exceptionnel en matière d'emploi, quelques lois emblématiques, comme le PACS ou les 35 heures, sans omettre la ringardisation de celui qu'il n'appelait plus que « l'autre », Jacques Chirac.

— Je suis le Premier ministre qui a eu le plus de pouvoir, aimait-il me répéter, comme si là était sa victoire.

Premier leader socialiste de la Ve à avoir remporté une élection législative sans bénéficier de l'effet porteur d'une présidentielle, Jospin avait réussi à désarmer Jacques Chirac, et le rendre quasi absent. Revers de la médaille, l'étouffement de son rival l'avait conduit à retarder dangereusement son entrée en campagne. Dès lors, le temps jouera contre nous.

Le début 2001 sera marqué par cette hésitation. Lionel Jospin considérera avec suspicion les avis de ceux qui, comme moi, lui conseilleront de démissionner afin de mieux se préparer au combat.

Jamais, à ce jour, la France n'a vu un candidat passer directement du poste de chef de gouvernement à celui de chef de l'Etat. Jacques Chirac, en son temps, puis Edouard Balladur connurent la même déroute. Je conseillais donc à Lionel de créer un sas médiatique avant son entrée en lice. Le temps de voir le monde et du monde, le temps de forger ses réseaux et de compter ses amis. Le temps aussi d'écrire un livre sur sa « certaine idée de la France », selon la formule gaullienne.

C'était mal connaître mon homme : j'aurais dû me douter que jamais il n'accepterait la moindre compromission avec lui-même. A chacune de mes relances, il me fera la même réponse :

— Les Français m'ont élu pour cinq ans à ce poste. Je ne le quitterai pour rien au monde et moins encore par convention personnelle.

Ce fut la première erreur d'une série fatale. Cette rigueur que je respecte, que j'admire même, n'en finira pas de nous handicaper.

Début juillet 2001, comprenant que Lionel ne quittera pas Matignon, je lui envoie deux notes argumentées lui conseillant au moins de prendre du recul, de libérer du temps de réflexion, rencontrer les intellectuels, les patrons, les artistes, bref, les faiseurs d'opinion, et parcourir le pays pour écouter battre le pouls des Français. Il n'en aura cure. Tout au plus s'achètera-t-il un classeur d'écolier noir dans lequel il compte rassembler les idées et les réflexions qui lui viendront pendant l'été. En bon élève qu'il a toujours été, Lionel fait confiance à sa capacité de travail et à son intelligence.

Mais voici que l'animal politique que l'on croyait muselé passe à l'attaque. Le 14 juillet, dans une intervention assassine, Chirac dénonce le « manque de volonté d'agir » du gouvernement en matière de sécurité et son « immobilisme » sur les réformes. Pour Lionel, c'était l'occasion rêvée de donner sa démission et de laisser le Président face à ses responsabilités et aux lazzis dont il ne se serait pas relevé. Mais une telle manœuvre n'est pas dans les mœurs jospiniennes. Il n'en sera pas moins piqué au vif.

— Je veux empêcher Jacques Chirac de continuer à nuire à la France, me confiera-t-il quelques jours plus tard.

— C'est donc la guerre, répondis-je.

Seconde erreur dont je n'ai pas mieux su le dissuader. Certes, il faut haïr son adversaire pour mieux le terrasser, mais pas au point d'en faire son axe de campagne. Sa focalisation sur Chirac fera négliger à Jospin sa propre rencontre avec les Français. Or, toute campagne se joue dans cet échange intime d'un homme et d'un peuple.

Dès son retour de l'île de Ré où il a passé l'été avec son classeur noir, Lionel persiste et signe. Prêt à en découdre, il ne cessera de repéter à ses visiteurs que les « questions des Français ne portent pas seulement sur la vision de la France, mais aussi sur la personne du Président ». Le 11 septembre noir de l'Amérique viendra stopper son ardeur. La cohésion entre l'Elysée et Matignon deviendra la règle, le beau rôle revenant au Président. Dans le concert compassionnel, il n'y aura pas la moindre place pour les querelles intestines ou les démarrages acides de campagne. L'heure tourne et le temps se retournera à nouveau contre nous. A toutes fins utiles, nous constituerons, avec Stéphane Fouks, une équipe dévouée corps et âme au combat qui nous attend. Stéphane Schmaltz, jeune loup aux dents blanches et à l'intelligence tout aussi acérée, en sera le coordinateur.

Le 2 novembre, dans le plus grand secret, Pierre Moscovici, qui avait été la plume et la boîte à idées de la campagne victorieuse de 1997, sera chargé par le futur candidat de rédiger son projet. « Tu t'occuperas aussi du débat de l'entre-deux-tours », ajoutera aussitôt Jospin, toujours obnubilé par son *mano a mano*. Mosco aura beau le mettre en garde, lui dire à son tour de ne pas se tromper de combat, Jospin tranchera : « Les choses devront être dites. Je m'y emploierai. »

Une semaine plus tard, Jean Glavany, alors ministre de l'Agriculture, a droit à un tête-à-tête dans un avion entre Toulouse et Paris. Il sera directeur de campagne, poste que convoitait Moscovici. Les deux hommes ne s'appréciaient guère, ils vont se détester.

A la mi-novembre, sont enfin instituées les principales réunions qui rythmeront la campagne. Une cascade de structures se superposeront sans se compléter, elles vont inexorablement alourdir une machine dont la première vertu aurait dû être la réactivité. Qu'y faire ? Le PS est ainsi, si romantique et si bordélique, en tous points conforme à la définition de Woody Allen : « La dictature, c'est ferme ta gueule, la démocratie, c'est cause toujours. »

Jospin, quant à lui, brûlera son rare temps libre en le consacrant en priorité au livre d'entretiens qu'il préparait avec Alain Duhamel. C'est dans la partie centrale de l'ouvrage consacrée à son bilan qu'il est le plus prolixe, rechignant à aborder son passé dans la première partie (y compris trokskiste), et repoussant à plus tard celle qui portera sur le projet. Je ne cesserai de clamer que les électeurs votent pour le futur, jamais pour le passé, et donc pour un projet et non pour un bilan. Je prêcherai dans le désert. Ce sera ma troisième faiblesse que de ne pas imposer ce que j'avais sans peine fait admettre à François Mitterrand et à tous mes autres candidats présidents. Je ne m'explique toujours pas ces démissions en cascade. Est-ce le caractère si fermé de Lionel, mon manque d'intimité avec lui, ou trop de surestimation de nos chances de victoire ? Cet homme m'a donné sa confiance et je n'ai pas su m'en servir pour le détourner de positions trop rigides. Quelle impuissance !

Et puis, quel temps précieux perdu ! Alors que Lionel aurait dû se concentrer sur ses préparatifs de guerre, voilà qu'avec Duhamel il remettait cent fois l'ouvrage sur le métier, reprenant chaque ligne, soupesant chaque page. En communication, il est un temps pour écrire, un autre pour agir. Les notes s'enchaînaient, venant de tous les ministères. Les réunions se succédaient, tandis que les militants ratifiaient le projet du PS, coordonné par Martine Aubry que je titrerai : « La vie en mieux, la vie ensemble. » Un slogan qui eût pu être celui de la campagne. Paradoxalement, c'est Chirac qui l'annexera avec son copié-collé : « La France en grand, la France ensemble » qui sera son mot d'ordre.

Nous étions à cinq mois de l'échéance. Je tentai de précipiter le mouvement. Mi-décembre, je proposai au couple Jospin d'être les invités d'honneur du dernier « Vivement dimanche » de l'année. Michel Drucker avait préparé une émission sur mesure. Au menu : un *best of* de sa saison, la venue sur le plateau de quelques grandes stars et personnalités présentant leurs vœux pour 2002 et la chance, au fil des échanges, de montrer Sylviane et Lionel tels que je les pratiquais dans le privé : drôles, cultivés, amoureux, complices. Lionel, dans l'intimité, a le charme et l'humour faciles, c'était l'occasion rêvée d'en témoigner. Tout était réuni pour qu'en deux heures d'antenne la France découvre le mari tendre derrière le Premier ministre rugueux.

Lionel, dans un premier temps, ne dit pas non, me chargeant de convaincre sa femme. Un déjeuner suivit avec Sylviane... Ségolène, pas encore Royale, jouant les chaperons.

A force d'arguments, Sylviane se laissa convaincre. J'en rendis compte à son mari, espérant enfin un feu vert. Ce fut un feu orange.

— Laisse-moi en reparler une dernière fois ce soir à mon épouse, je te rappelle demain à huit heures.

A huit heures tomba la décision :

— Ne le prends pas mal, Jacques, mais ni Sylviane ni moi ne voulons mêler notre intimité de couple à cette bataille. La « peopolisation » politique est un travers de notre démocratie, pourquoi donnerions-nous le mauvais exemple ?

J'enrageai. Chirac, lui, ne se privait pas d'envoyer sa femme dans les grandes émissions populaires… et il gagnait des points à chacune de ses prestations. Existait-il meilleur moment et meilleure façon de rapprocher mon candidat des Français que ce « Vivement Lionel » ? J'ai toujours pensé que les quelque 200 000 voix qui manquèrent à l'appel se seraient peut-être gagnées là. Une campagne n'est pas un concours de vertus, d'autant que l'émission, pour ses invités, est sans risque. Michel Drucker n'est pas Ardisson, mais Lionel est Lionel.

Le 11 février, les choses sérieuses commencèrent enfin. Prenant de court la plupart des commentateurs, Chirac annonça à Avignon sa candidature en déclarant avec verve et émotion sa passion pour la France. A l'approche du combat, le vieux président ringardisé reprenait du poil de la bête. Le chef de l'Etat redevenait le chef de guerre que les Français ont toujours plébiscité. Le surlendemain, j'adressai à Lionel une note d'alerte : « Les Français ont retrouvé le Chirac qu'ils aimaient. Le populisme chiraquien, je vous écoute, je vous comprends, je vous aime, est bien passé. A toi d'être meilleur. » Le soir même, Jospin confia à Allègre : « Il faut que les Français n'aient pas envie de réélire Chirac. » « Non, il faut qu'ils aient envie de t'élire », lui rétorqua son ex-ministre de l'Education. A nouveau, le sens de la campagne dérivait. On ne se fait pas élire à coups de haine mais à coups de cœur.

Le lendemain, on m'invitait à Matignon par téléphone. Je m'attendais à la mise au point des ultimes préparatifs de l'annonce de candidature. J'avais prévu une entrée en lice en trois étapes. Le vendredi, Jospin était en Suède à un sommet des grands dirigeants socialistes, quelle aubaine ! Je lui proposais donc de se déclarer par un fax en fin de journée, sachant que le samedi tous les médias montreraient le nouveau présidentiable entouré de ses pairs, Tony Blair en tête. Pas de déclaration, donc, mais un rendez-vous donné à la presse le dimanche matin dans son fief de Cintegabelle. Rien ne vaut l'enracinement pour se déclarer candidat « d'en France ». Dernier acte, le soir, la déclaration officielle sur TF1, face à Claire Chazal. Lionel est toujours meilleur lorsque c'est une femme qui l'interviewe. Le lundi matin, l'ensemble de la presse française se mettrait à l'heure LJ : notre entrée en course allait ainsi mobiliser les médias trois jours et occulter en partie la prestation chiraquienne réussie.

Le plan me semblait efficace. Quelle ne fut pas ma déconvenue lorsque, en présence de Hollande, Mosco, Glavany et Schrameck, son directeur de cabinet, Jospin nous annonça :

— J'ai décidé de me déclarer aujourd'hui. Ma décision est prise, n'ergotons pas, préparons-nous.

C'est bien par fax, seul rescapé de mon projet, transmis à l'AFP depuis son domicile parisien, que Lionel Jospin annoncera sa candidature ce 20 février. Une fois encore, je n'aurai pas d'explication sur cette précipitation qui, à trois jours près, chamboulait une déclaration plus événementielle. Les dés étaient jetés, je me tins coi.

Dès le lendemain, sur France 2, survint le premier dérapage : LJ, focalisé sur le second tour, déclara dans l'incompréhension générale : « Mon projet n'est pas socialiste. » Erreur de tir ! La règle est incontournable. Au premier tour on rassemble son camp, au second on rassemble les Français. Qu'y faire ?

Malgré le couac initial, auquel on attribue aujourd'hui plus de dégâts qu'il n'en fit réellement, nous prîmes la tête dès le premier virage. En deux semaines, Lionel va bondir de 47 % à 53 %. Journalistes et politologues n'auront plus que la victoire de la gauche à la plume.

Nos rendez-vous de campagne se précipitèrent. Lionel, Moscovici, Hollande et moi nous retrouvions un soir sur deux à Matignon. Un huis clos qui mettra le parti hors de lui. Frustré, il exigera de participer : « Lionel, ce n'est pas *ta* campagne mais *notre* campagne, tu ne peux en être le seul porte-parole », clameront les hiérarques s'estimant mis à l'écart. Jospin me proposera donc de transporter nos pénates de son bureau à l'Atelier de campagne, installé rue Saint-Martin, dans le mi-populaire mi-bobo dixième arrondissement de Paris. Un déménagement fatal ! Nos réunions intimes vont d'un coup virer au happening. Un assemblage hétéroclite de quarante éminences socialistes se réunira chaque jour pendant deux heures, chacun tuant l'idée de l'autre d'une petite phrase assassine. Le QG de campagne deviendra une tour de Babel cacophonique. Je verrai ainsi, jour après jour, se bunkériser notre ardeur, s'étioler notre action et fondre notre avance. N'avoir pas retenu cette leçon mitterrandienne qu'une campagne se conduit comme une PME, à quatre ou cinq – et non comme une multinationale, notes, comités, conseils et arbitrage arrivant tel Grouchy après la bataille –, est peut-être le plus néfaste faux pas de Lionel.

Mais je ne voudrais pas, dans cette litanie des erreurs, minimiser les miennes : je commis à mon tour la plus grande bévue de ma carrière. Sachant la difficulté de troquer les habits de Premier ministre pour ceux de président de la République dans les deux très courtes semaines de l'entre-deux-tours, et sûr de notre présence au second, je proposai début février à Lionel un slogan de positionnement d'emblée pour le sprint final : « Présider autrement ». Une faute de débutant : les Français attendaient que mon candidat leur parle d'eux, pas de lui. Or, même si la formulation exacte était « Présider autrement une France plus juste », notre deuxième message fut oblitéré par l'impact du premier. Les électeurs ne retinrent que le choc de la formule et oublièrent le poids de l'engagement politique. La publicité de grande consommation m'a pourtant appris à ne jamais vendre deux idées à la fois. Pis, ils ne retinrent que la mauvaise.

Cependant, début mars, notre moral restait au beau fixe. La campagne chiraquienne était pitoyable. Ni souffle, ni idée, ni talent, ni mouvement. Seules les apparitions du Président, mises en scène par sa fille Claude, étaient remarquables en termes de qualité d'image, de décor et d'environnement. Le contenant était moderne, le contenu archaïque. Tous les indicateurs que nous envoyaient les sondeurs restaient positifs. L'Atelier réunissait dans une synthèse inespérée l'ensemble des dirigeants socialistes hier déchirés. Et la multiplication des témoignages d'hostilité à Chirac, devenu « Super Menteur », nous aveuglaient. La victoire nous semblait inéluctable. Nouvelle erreur fatale : en temps électoral, une seule fausse manœuvre suffit à passer du vent favorable au vent contraire. Mao ne disait-il pas : « Des jours meilleurs en perspective : méfiez-vous ! »

Le 7 mars, lors de son premier meeting à Lille, Lionel s'enflamma : « Je ressens déjà ce soir la fièvre, l'enthousiasme, la volonté de gagner qui, en général, accompagnent les derniers meetings de campagne. » L'euphorie sera de courte durée.

Le 10 mars, dans l'avion qui le ramène de la Réunion, Jospin se lâche. Aux journalistes médusés, il stigmatise un Jacques Chirac « fatigué, usé, vieilli », formule qui va faire leur bonheur et celui de la droite. Une conversation off qu'Yves Colmou, le directeur de la communication de Lionel, autorisera, cédant à l'appétit des journalistes morfals. J'étais avec Lionel à Matignon lorsque tomba la dépêche AFP. Stupéfait, il convoqua aussitôt son collaborateur bafouillant qui amplifia le mal d'un pâle communiqué invoquant la confidentialité de propos tenus hors micro, sans véritable intention de nuire. Dès l'atterrissage de l'avion, la nouvelle était sur toutes les lèvres, propagée par l'ensemble de la Chiraquie trop heureuse de mordre face à une gauche coite. Nouveau faux pas que j'aurais dû éviter. Il eût fallu réagir, toutes griffes dehors et faire sonner la charge de toutes les cavaleries de la gauche. Les vieux adages ont toujours raison : « Qui ne dit mot, consent. » Le soir, au 20 heures, Jacques Chirac aura beau jeu de se dire victime d'un « délit de sale gueule ». D'une formule, « super menteur » deviendra « super victime ». Attaqué dans son âge et son orgueil, Chirac retrouvait soudain l'énergie qui lui manquait et reprenait la main. A quoi tient une élection !

Lionel me confiera plus tard :

— A ce moment-là, j'ai douté.

Lorsque, le 18 mars, le candidat présentera son projet à la presse, un lapsus résumera la situation : « Dans l'hypothèse, que j'appelle de mes vieux... » Jospin n'était plus Jospin, il ressassait sa boulette de l'avion, perdait le tempo et commettait l'irréparable en allant, cinq jours plus tard, à repentance sur France 3 : « Ce n'est pas moi, cela ne me ressemble pas. » Amende trop honorable et trop tardive qui ne fera que rallumer les feux mal éteints d'une polémique alors presque étouffée.

Autre piège, ce débat vicié sur une insécurité que la droite faisait mousser sans vergogne et que TF1 amplifiait à souhait. Sentant le poids qu'allait prendre ce thème dans le round final, je cherchais une idée choc. L'impudence étant le moindre de mes défauts, je parlais net et proposais à Lionel de remplacer au ministère de l'Intérieur Vaillant (prenant la Défense) par Strauss-Kahn, fraîchement blanchi des attaques scandaleuses dont il avait eu à répondre. C'était l'occasion rêvée de lancer d'une voix neuve un énergique plan sécuritaire. Lionel me remit sans ménagement à ma place :

— Je n'ai aucune raison de changer un ministre qui fait parfaitement son job et, qui plus est, est un ami. As-tu une suggestion moins saugrenue ?

Rigueur, fidélité, droiture, encore et toujours, et toujours aussi pénalisantes.

La campagne se fit de plus en plus belliqueuse, l'humeur du pays devint plus tendue, le résultat plus incertain. Mais comment réagir, paralysé par cette structure émiettée et opaque qu'était l'Atelier, où toute responsabilité se diluait, le pouvoir étant donné à tous, donc à personne ? Faute d'équipe réduite et soudée, faute de franchise des premiers ministrables trop soucieux de flatter leur futur président, faute de direction forte, faute d'une stratégie claire, comment infléchir la tendance ? Entre Hollande dirigeant le parti, Glavany animant la campagne et Moscovici chargé du projet, le courant ne passait plus. Comment la campagne aurait-elle eu du jus ?

Cependant, tout aurait encore pu basculer. Bernard Tapie, toujours lui, me téléphona :

— Jacques, vous allez vous planter. Sans électrochoc vous ne reprendrez plus la main. J'ai l'arme fatale : Taubira.

— Mais encore ?

— Elle est à cinq points qui vous feront défaut. Elle est trop soucieuse de la victoire de la gauche pour jouer les francs-tireurs. Elle est prête à se rallier à Lionel. Organisez un rendez-vous au plus vite.

J'en parlai sur-le-champ à François Hollande et nous montâmes une réunion d'urgence. Le rendez-vous eut lieu chez moi à minuit, seule heure disponible pour les différents agendas.

Bernard vint avec sa candidate, j'étais avec François, nous les laissâmes en tête à tête. Le lendemain, Hollande, rayonnant, me dit :

— Tout est arrangé. Demande à Lionel de l'appeler, tu le vois avant moi. Je dîne avec lui, je lui ferai une piqûre de rappel.

J'en rendis compte à Lionel que je trouvai peu réceptif. Je mis son manque d'enthousiasme sur le compte de la tension. A nouveau je me trompais. Quarante-huit heures plus tard, Bernard me secouait.

— Que fait Jospin, il n'a toujours pas appelé Taubira ?

J'avais rendez-vous l'après-midi même avec lui. J'attendis d'être seul pour le relancer :

— N'oublie pas ton coup de fil.

Et je le vis noter sur ses fiches téléphoniques soigneusement alignées sur son bureau : TAUBIRA. Je compris là qu'il n'y aurait jamais d'appel. A-t-on besoin, à trois semaines d'un scrutin devenu incertain, de noter le nom qui vous assure de la victoire ? Lionel ne téléphonera jamais à Taubira, ne voulant devoir son élection qu'à lui-même. Elle totalisera plus de deux points, le double de ce qui lui manquera pour ravir la présidence.

Les dernières semaines s'évaporeront dans une ambiance irréelle de machine sans pilote, dominée par un optimisme de plus en plus forcé que même les derniers sondages en baisse n'affecteront pas. Le lundi, six jours avant le vote, je me rendis à l'évidence. Il devenait impossible pour Lionel de mener la bataille depuis cet antre perfide de l'Atelier. Seul commandant de ce bateau ivre, soit il reprenait la barre, soit nous coulions. Je lui demandai un tête-à-tête. Depuis presque un mois, nos discussions ne se faisaient plus que par téléphone ou par note (j'en aurai écrit une bonne cinquantaine). Je perdais pied : comment conseiller un candidat sans le voir ?

La rencontre aura lieu le vendredi, quarante-huit heures avant le jour fatidique. Je retrouvai Lionel tel qu'en lui-même, serein après ces semaines folles, enfin libéré d'une campagne trop lourde et trop essaimée au quatre coins de l'Hexagone, chacun voulant sa part du candidat en qui il voyait un futur président.

— Je n'ai pas eu le temps de réfléchir, de me poser, de respirer, me confia-t-il.

J'en profitai pour exposer mes craintes.

— Lionel, il faut nous libérer de l'Atelier et retrouver l'efficacité de nos réunions réduites. Souviens-toi de 1981 et 1988 : nous n'étions jamais plus de quatre dans le bureau de Mitterrand, et jamais plus de trente minutes. Mais tous les matins. Et puis laisse-moi, dans cette ultime ligne droite, envoyer au feu les deux socialistes les plus populaires et les plus rassembleurs : Jack Lang et Bernard Kouchner. Le PS ne leur a jamais, ou presque, ouvert les médias. Arrêtons cet ego suicidaire.

L'entretien avait duré deux heures. Ayant eu son accord, tout me semblait en place pour la victoire. Je quittai Matignon le cœur en fête.

Jospin vaincu

Le dimanche, avec Bernard et Jack, nous préparions le matériel publicitaire du second tour lorsque Lionel m'appela :

— Je ne crois pas aux sondages, mais puisque tu en fais tes nourritures terrestres, tu vas être rassuré : le premier comptage du ministre de l'Intérieur, à la sortie des urnes, me met à 18,5 %, Chirac à 18, et Le Pen à 14.

Il était 11 heures du matin, le vote était dans sa deuxième heure. Un ange rose passa.

La journée soudain se fit plus légère... Comme pour mieux préparer la soirée la plus cruelle de mon existence ! A 18 h 30, la garde rapprochée de LJ se retrouva dans son bureau de l'Atelier. Jack Lang, Dominique Strauss-Kahn, Martine Aubry, Pierre Moscovici, François Hollande, Laurent Fabius, Jean Glavany et l'infortuné publicitaire qui ne le savait pas encore.

Premier coup de fil, en forme de coup de semonce, des sondeurs : « Le résultat est aberrant, nous refaisons nos comptes. » L'ambiance, jusque-là plutôt joyeuse, se glaça. Quinze minutes plus tard, tomba le couperet : Chirac en tête, suivi par Le Pen, Jospin sortait du jeu, écarté de la finale. Ce fut le choc.

Nul ne fera le moindre commentaire, seuls les portables crépitèrent. Dans cette déroute des esprits et des espérances se produisit l'inconcevable : nul ne pensa, ou n'osa, prévenir le candidat vaincu. Lorsque trente minutes plus tard, tenant sa femme par la main, il remonta la rue Saint-Martin, deux mille militants, ignorant le drame, l'accueillirent en scandant : « Jospin Président ! » Porté par cette vague humaine à l'écume élyséenne, Lionel était radieux. Dès l'entrée, un millier de nouveaux partisans, ceux du premier cercle, prirent le relais de la ola. Jospin ne grimpait pas les étages, il volait. Sylviane, qui n'avait pas lâché sa main, se serrait contre lui dans un tourbillon de grâce. Rayonnant, il ouvrit la porte de son bureau. Mais son sourire ne résista pas à nos têtes d'enterrement. Le Gall, chargé des études, se dressa comme un hussard et lui assena sans ménagement : « Lionel, Le Pen est devant toi. » Sylviane prit la couleur blanchâtre des murs, je craignis qu'elle ne chavirât. Lionel s'affaissa dans le seul siège inoccupé, de tout le poids de sa déconvenue. Un ange noir passa.

Le temps se figea. Cette défaite, pour nous jusque-là virtuelle, se fit d'un coup réelle, son héros blessé nous faisant face. C'est lui qui rompit le silence.

— L'heure est grave. Pour la première fois de notre histoire, les forces du fascisme et de l'extrême droite sont en finale d'une présidentielle. Pour stopper la bête fauve, il faut une mobilisation générale des démocrates de tous bords. Ce n'est pas à moi de la conduire. Je vais reconnaître très tôt ma défaite pour laisser le champ libre à Jacques Chirac.

Je lui demandai s'il voulait une aide quelconque pour préparer son texte. La réponse claqua comme une porte de prison :

— Merci, mais c'est une déclaration qui ne regarde que moi.

Et pour cause. Lorsque nous réintégrâmes le bureau, une quinzaine de minutes plus tard, l'assistante de Lionel nous distribua sa brève allocution. Ce sera notre deuxième KO de la soirée. D'une phrase en uppercut, Lionel raccrochait les gants :

— Je me retire de la vie politique...

Bernard Kouchner, qui s'était joint à nous, réagit le premier avec la fougue et la générosité de l'éternel *French Doctor* :

— Lionel, tu n'as pas le droit de nous abandonner. Sans toi, le PS sera orphelin de son destin. Nul ne sait de quoi demain sera fait, mais tu y auras toujours ta place.

A mon tour, je tentai en vain de le faire renoncer.

— Nous avons perdu l'Elysée, mais tu es bien placé, après cinq années de cohabitation, pour savoir que le pouvoir est à Matignon. Les élections législatives sont dans quelques semaines, les Français vont réagir. Ils ne tarderont pas à regretter un vote dont ils n'ont pas mesuré la portée. Ce vote d'humeur va virer dès le réveil des consciences. Lionel, reste avec nous ! Rien n'est définitivement perdu.

Face au désarroi, de cette voix douce mais ferme dont il use rarement, LJ va s'adresser à ses disciples :

— Les Français ne m'ont pas voulu, j'en prends acte, quelle que soit l'injustice que je ressens. Le peuple est souverain, ma décision est donc sans appel : je vous passe le relais. A vous de réussir là où j'ai échoué. La France ne pourra se passer longtemps d'un président incarnant les forces de la solidarité et du progrès.

Il n'y aura pas de relance. Est-ce le choc de cette page tournée si brusquement, est-ce l'espoir de trouver sa place dans celle qui s'ouvrait ? Je peste encore. Rien ne m'empêchera de penser que si tous les premiers ministrables, dont certains sont devenus depuis présidentiables, avaient uni leurs voix, Lionel aurait pu supprimer de son texte ces sept mots qui ont changé le destin de la gauche.

Je rentrai chez moi brisé. Il me faudra trois mois de nuits d'insomnies, de réveils au goût de fiel, de jours lourds de remords rentrés, pour gommer cette soirée. Je n'imaginais pas, n'ayant jamais connu l'échec électoral avant celui-ci, combien il pouvait vous percer jusqu'au tréfonds de vous-même.

Comment imaginer, dès lors, ce que Lionel a dû vivre ? François Mitterrand comparait l'échec présidentiel à un deuil. J'ai vécu ce deuil où l'on se sait responsable d'avoir trahi les espoirs de millions de Français et le rêve de celui qui les portait.

La France s'est, ce jour-là, privée de l'homme d'Etat qui lui aurait évité cinq années de décrépitude des esprits et des espérances, cinq années d'économie en berne, cinq années de surplace social, cinq années de recul. Quel gâchis !

Mea culpa.

IX

Il était une fois la France

(Rencontre avec *la* rencontre)

La mémoire est une éponge sur le tableau noir de nos souvenirs. Certaines lignes de craie s'effacent, d'autres résistent. Etait-ce sur un plateau de télé, dans un couloir de l'Assemblée, un cocktail mondain ? Je ne sais plus. Je n'ai, par contre, rien oublié de la seconde rencontre. Elle se passa chez moi. Les maisons vont jouer un rôle clé dans nos croisements de chemins. C'était dans les années quatre-vingt. J'étais Neuilléen, Nicolas était mon jeune, très jeune maire. Un chevalier sans peur et sans reproche ayant enlevé la mairie, dans un duel historique, au vieux connétable de la politique : Charles Pasqua. Je l'invitai à dîner sans façon, il vint sans manière. La soirée ne fut que questions de Nicolas voulant que je lui décrive, par le détail, chaque mot, chaque geste de la campagne mitterrandienne de 1981. Il décortiquait tout, traquant le moindre détail, m'obligeant à une logique explicative qui n'est pas le fort de la publicité. Je le sentais prendre en note mentalement chacune de mes affirmations assenées avec mon outrecuidance habituelle. Loin, tels ses pairs, de chercher à me piéger, il me poussait à des justifications qui ne m'étaient jamais venues à l'esprit. Souvent, dans nos conversations d'après, il me rappellera un détail ou l'autre donné ce soir-là, pour moi totalement oublié. Mais lui, quelle mémoire ! Tout mot dit s'imprime à jamais dans son disque dur. C'est sa force majeure.

Nicolas, le conquérant

Le courant passa, puis le temps. L'amitié se souda par un petit déjeuner ici, un dîner là. Chaque nouvel aparté, toujours sur fond d'analyse de communication électorale du moment, nous rapprochait. Il n'empêche, il était franchement de droite, je l'étais de gauche.

Quelques mois plus tard, il téléphona à ma femme, l'invitant à la mairie une fin d'après-midi. Je n'osais pas croire à un cinq à sept de fringant politique, même si je les fréquentais suffisamment pour connaître leur permanente obsession de séduire. Les foules et plus encore les femmes. Effectivement elle fut reçue, aussitôt régalée d'un thé servi face à un feu de cheminée, toutes flammes dehors, copie miniature de celui de l'hôtel de ville. Les dix premières minutes furent un chapelet de compliments, beauté, intelligence, charme, esprit, droiture, volonté : la grand-messe.

Mon épouse s'attendait au pire mais l'attaque ne fut pas celle qu'elle croyait :

— Sophie, lui dit-il presque à voix basse. Tu es faite pour la politique. Engage-toi à mes côtés, je t'inscris sur ma liste.

— Mais, lui répondit-elle, tu sais que je suis une femme de gauche, très proche de Mitterrand. Je le connais depuis mon enfance, mon père est l'un de ses frères d'armes des premiers jours, Jacques est son publicitaire. Comment veux-tu...

Nicolas la coupa :

— Mais la droite, la gauche, cela te passera.

Le futur candidat ne croyait pas si bien dire. Sophie allait voter pour lui vingt ans plus tard, et être l'une des premières à me faire douter.

Que d'eau passa sous les ponts de la République lors de ces deux décennies ! Nous nous reverrons à l'approche des campagnes avec toujours ce besoin de tout décoder, de tout analyser, de tout enregistrer. Pour l'une de ses élections municipales, il me demandera même de le soutenir. L'ouverture déjà. Je le fis, sans complexe, partant du principe qu'une municipale n'est pas une décision politique mais le choix du technicien le plus à même de diriger sa ville. Pouvait-il à Neuilly exister meilleur prétendant ? J'en parlai à Mitterrand qui me répondit : « Votez pour lui si vous êtes convaincu, mais ne dites pas que je vous y ai autorisé. » J'allai à une ou deux réunions, répondis à une ou deux questions d'interview pour expliquer mon geste et lui donnai mon vote mais n'en devins pas sarkozyste pour autant.

Survint la réélection de Mitterrand de 1988. Dès la victoire proclamée, Nicolas me convia, je fus à nouveau soumis à la question. A sa manière, un interrogatoire plus qu'une interrogation. Une minutie et un acharnement de juge, mais aussi une curiosité et une tendresse de novice. Ce ne fut ni Génération Mitterrand, ni la France unie qui l'intéressèrent mais cette stratégie du désir que Mitterrand avait distillé tout au long de ces semaines de fausse hésitation, jusqu'à rendre fou son adversaire. Seule discordance, cette curieuse idée d'ouverture alors que le scrutin était acquis.

— Pourquoi ton président a-t-il partagé ainsi sa victoire ? Il sème le désamour dans son camp et la haine dans l'autre. A quelles fins ?

— Celle de réformer. Le temps lui est compté (à cette date ses médecins lui donnaient trois à quatre ans d'espérance de vie). Il sait que l'on ne change pas la France sans changer les esprits. D'où la nécessité de conjuguer autour de lui les forces des deux bords de la politique. Pas de réforme sans rupture, pas de rupture sans ouverture, il me l'a précisé lui-même.

Hélas, Mitterrand ne se donna pas (ou ne trouva pas) les moyens de ses intentions. L'ouverture tourna au ralliement, l'inverse du concept annoncé.

Je n'imaginais pas, alors, la suite de notre échange. Nicolas réussira là où François avait échoué, mais l'aurait-il pu si son précédesseur ne lui avait pas ouvert la voie ?

Les années s'enfuirent au rythme des gouvernements. Sarko connut sa traversée du désert puis sa longue marche. Je le revis en privé à la maison, en public à Bercy ou à Beauvau. Je ne pus m'empêcher, face à son volontarisme obsédant, de lui dire un jour :

— Nicolas, tu seras président. De ta génération, tu es celui qui le désire le plus. C'est la condition *sine qua non*. Tes aînés, Giscard, Mitterrand, Chirac, y pensaient comme toi depuis l'enfance. Reste à être prêt au bon moment. Mitterrand m'a donné un jour sa définition du sacre électoral. « Est élu l'homme qui raconte aux Français le morceau d'histoire qu'ils veulent entendre à ce moment précis de leur histoire. A la condition expresse d'en être le héros crédible. »

— Ce jour-là, je serai prêt, trancha Nicolas.

Et il le fut.

Quant à moi, vingt ans plus tard, ce jour venu pour Sarko, je rêvais de Ségo : est-ce l'attrait de cette féminisation de la fonction suprême, qui, je le pensais, changerait la donne du pouvoir et façonnerait une autre France ? Est-ce la nécessité d'alternance ? Assurément, mais la réalité de mon choix était ailleurs : quatorze années de fréquentation présidentielle laissent des traces. Si elles ne m'ont pas fait socialiste (mon seul parti est celui des idées), elles m'ont fait mitterrandien. Comment, dès lors, sans rougir, me suis-je retrouvé aux côtés du nouveau prince ? Ai-je vendu mon âme à l'opportunisme et mon cœur au carriérisme ? Quelle histoire !

Tout commença par un coup de fil. Thierry Saussez, le grand ordonnateur de la communication de la droite, me proposa un livre à deux mains sur l'enchaînement des sept campagnes suprêmes de notre Ve République. En guise de conclusion : notre choix pour 2007, Sarko pour lui, Ségo pour moi. Notre aventure s'écrira autrement.

Je n'avais nulle envie de participer ni de près ni de loin à cette nouvelle joute. Etant exclu, à juste titre, de la communication socialiste (on ne reprend pas une équipe qui perd), je ne me voyais pas, après avoir mené vingt campagnes présidentielles de par le monde, jouer les arbitres de touche. J'hésitai, je dis oui, je me rétractai, ce qui n'est pas mon genre, je suis plutôt fonceur tête baissée que raisonneur tête pensante. Mais il flottait ce bonheur d'écrire sur un sujet délaissé. Nul scribe n'avait jusque-là rendu compte de ces sept passes d'armes de com. Avec Thierry droitier patenté, débatteur affiné, publicitaire policé, nous aurons même le plus grand mal à retrouver les archives quasi inexistantes des campagnes de De Gaulle et de Pompidou. Il y eut, en prime, l'offre de raconter ce que je n'avais pas commenté jusqu'alors, cet échec jospiniste que vous venez de lire (ou de relire). Toute analyse couchée sur le papier n'est-elle pas une autoanalyse couchée sur le divan de ses regrets et de ses manques ! Je me décidai, je n'allais pas être déçu.

Dès le départ, le pubard que je suis fut charmé par l'entrée en lice de Ségolène. Cette « démocratie participative », enfin une idée neuve, et ce « désir d'avenir », enfin un ton nouveau. Je pris parti avec passion, je ne sais pas m'engager autrement.

La parution fut pour le 15 décembre. Les deux premiers exemplaires dédicacés partirent le jour même, l'un chez Ségo, l'autre chez Sarko. Par retour de courrier, Nicolas me mit un petit mot de sa main : « Jacques, ton erreur de casting ne brisera pas notre amitié. Je t'aime, hier, aujourd'hui et demain. Viens me voir. »

Je fus touché mais pas coulé.

De Ségolène rien. Ni pli, ni message. Le livre, en ce qui concernait ma partie, n'était pourtant qu'un chant d'amour pour elle. Rien ne blesse plus un auteur que l'absence de reconnaissance du sujet traité. Et plus encore s'il est une sujette. Je vécus donc son ascension en sherpa ignoré. Par bonheur, je ne suis pas susceptible. Comment aurais-je pu sinon traverser le demi-siècle d'attaques et de quolibets en tout genre qui furent mon pain médiatique quotidien ? Je me jetai donc en solitaire dans la bataille avec cette passion qui trop souvent se fait intempérance. Je suis ainsi *too much* ou rien, à prendre ou à laisser.

Les ouvrages politiques n'étant souvent écrits que pour les plateaux télévisés qu'ils vous servent, je ne fis pas moins de quarante émissions, toutes à la défense de mon héroïne. Toujours sans le moindre signe en retour. Etait-ce par absence de professionnalisme ou d'affection ? Certainement les deux.

Nicolas fit l'inverse. A son habitude, il utilisera sa ligne directe, celle de la surprise. Il me dénichera sur les pistes de Megève, où j'apprenais le ski à mes jeunes jumelles.

— Mon Jacques (le « mon » est son arme fatale), que fais-tu à défendre Ségolène ? Elle conduira la France à la faillite. C'est une méchante femme. Comment peux-tu la suivre dans ses errements ? Nous avons souvent parlé ensemble d'ouverture. A peine élu, je vais ouvrir plus loin, plus fort encore que tu ne l'imagines. Garde ton cœur à gauche, mais vient me retrouver. Pour réussir, j'ai besoin de forces de la société civile comme j'ai besoin de tes amis politiques, Kouchner, Lang, Allègre et les autres. La France ne changera qu'à ce prix. Réfléchis et viens me voir. Ce n'est pas ton vote que je te demande, ton vote je le respecte, c'est ton soutien et ton aide dès que je serai aux manettes.

Il faisait un froid de gueux. La neige était noire de vacanciers. Ava et Mia grelottaient. C'était le dernier endroit où recevoir une telle invite, elle me troubla d'autant plus. Je bredouillai. Il raccrocha. Cette fois, j'étais coulé.

Dès ce jour, je fus dans le doute. Ségolène pouvait-elle faire le job ? J'avais beau passer la revue de ses armes, je la défendais avec de moins en moins d'autorité dans mes joutes télévisuelles. A bout d'arguments, je pataugeais. Les bourdes qui l'embourbaient, ses sautes d'humeur alignées comme des sauts d'obstacles, ses volte-face à faire perdre la face me désarçonnaient. Je sentais confusément que je m'étais laissé griser par les apparences, c'est le revers de la médaille de tout homme d'image. Mais je refusais de l'admettre. Eric Besson fut le premier à sauter le pas. Il le fit avec une brutalité et une détermination qui me surprirent. Je réagis stupidement en annonçant que si je croisais ce monsieur, je lui réglerais son compte. J'avais tout faux. Je ne le connaissais pas, comment le juger ? Si je l'avais agressé, c'est lui qui m'aurait, dès la première gifle, étendu pour le compte, mais surtout pourquoi tant de grossièreté lâchée alors que j'étais, comme lui, ébranlé par l'impréparation de notre candidate ? Une impréparation qu'il fallait désormais appeler par son nom : une incapacité dans l'état actuel de ses forces, de ses idées, de son programme à mener le pays.

Mes erreurs de jugement me sont souvent bénéfiques, je les aime pour ça. Je m'en voulus de ma goujaterie et fis le point. Et s'il était dans le vrai en osant ? En m'introspectant, j'étais forcé d'admettre que je n'avais plus le cœur à défendre mon héroïne, je ne trouvais plus ni les mots, ni les arguments. La déception étant d'autant plus grande que mon engagement avait été emphatique et exubérant. On ne se refait pas ! Plus je reprenais mes esprits, plus je m'éloignais d'elle. Le premier tour joua son rôle de sélectionneur et mit sur la touche François Bayrou. Dans un ultime atavisme de bonne conscience, je votai Ségolène. Seul de ma famille, pourtant plus ancrée que moi à gauche, mais larguant les amarres pour les rives sarkozystes. Je m'accrochais encore à mes espoirs et rêvais d'une alliance sur le fil Royal-Bayrou, porteuse de cette social-démocratie, rêve de ma jeunesse. Je suivis leur débat en attendant jusqu'au dernier mot l'union salvatrice pour « ce grand cadavre à la renverse » qu'était devenu le PS. Ce fut un match nul, vraiment nul. Combat d'ego mais pas d'idées. Combat de chefs mais pas de chefs d'Etat. Combat de vaincus, chacun campant sur ses positions. J'atteignis, ce jour-là, mon point de non-retour.

Tout vote est pour moi un choix, pas un enrôlement. Je changeai de bord en un éclair. C'est ma force que beaucoup prennent pour de la faiblesse : je ne suis pas toujours de mon avis.

Je ne fus pas déçu, à l'inverse d'une presse en manque de jugeote, manipulée par une gauche qui, faute de projet, s'en prendra à la personne de celui qui en avait un. Triste PS en mal d'idées et d'amour sombrait dans le people. Victime d'un audimat ou d'un tirage devenu son seul maître, il en était l'esclave consentant et consternant. La France bouge, ne lui déplaise. Elle ne sera plus jamais cette dernière de la classe européenne qui me faisait honte. Pour ses premiers dix-huit mois, Nicolas Sarkozy a fait plus d'avancées que son prédécesseur en douze ans. Que veut-on de plus : une Swatch plutôt qu'une Rolex, des Afflelou en guise de Ray Ban ? Est-ce digne de nous ? Malgré les turbulences (j'ai connu les mêmes chez Mitterrand en 1983 et 1990), chaque jour qui passe me rassure dans mon choix. La rupture a ses fêlures et le Président ses faiblesses, mais le PS n'est toujours pas celui que j'ai défendu. D'imagination toujours point, de haine toujours plus. Ségolène nous rejoue Jeanne d'Arc. Mais le film, signé Besson, est déjà sorti en 2007 et il a fait un flop. Quant à Martine Aubry en dame de fer, elle fait le ménage mais pas la différence.

Vint le jour douloureux de l'officialisation de ma décision. J'expliquai le matin sur RTL à Jean-Michel Aphatie les raisons de mon revirement. Je connaissais la suite. Les crachats de mes ennemis, les condoléances de mes amis et quelques voix de droite pour me conforter dans mon revirement. Une trahison qui, pour moi, n'en était pas une. Je n'ai jamais été encarté au

PS, et retrouver Sarkozy ne m'a, en rien, fait renier mes valeurs de gauche. A quoi servirait une élection si notre vote était décidé d'emblée ? Voter c'est le droit à l'indépendance.

Le premier appel vint de Nicolas :

— Tu n'avais pas besoin de me donner ton vote. Ton amitié me suffit, mais tu me chauffes le cœur. Cet entre-deux-tours tourne en ma défaveur, je suis attaqué de tous bords et las d'une campagne trop longue, trop intense, trop dure. Je sais qu'il t'a fallu du courage mais tu m'en as donné au centuple. Je ne te décevrai pas. Et tu verras, comme promis, j'ouvrirai, et j'ouvrirai au-delà de tes espérances et de tes souhaits.

Après avoir raccroché, il appela Sophie.

— Jacques va traverser des jours difficiles. Tout cela se calmera lorsque les Français auront compris comment je compte diriger ce pays. Aime-le plus encore que tu l'aimes. On va se voir très vite.

Vincent Bolloré fut le deuxième à me soutenir. Avec ce mélange de force et de tendresse qu'il met dans nos rapports, il me dit :

— Tu as voté selon ta conscience, laisse hurler les loups. La vie ne vaut d'être vécue que si l'on est soi-même. Quant à Sarkozy, la France a besoin de lui, donc elle le choisira.

Personne ne crut en ma bonne foi. Les uns y virent de l'opportunisme, les autres du cynisme. Normal ! Il faudra les ralliements de mes frères d'armes et de cœur, Bernard Kouchner, Jean-Pierre Jouyet, Martin Hirsch, Jacques Attali, Jack Lang, Claude Allègre, et tous les autres, bref, la garde rapprochée de François Mitterrand, pour que mes détracteurs me redonnent le bonjour. Faute de me reconnaître le bon choix. J'ai un baromètre personnel pour mesurer l'amplitude de mes égarements. Lorsque je me sens en faute, d'une campagne ratée, d'une compétition perdue, d'un coup de gueule à contretemps, d'un coup de cœur à contresens, j'ai droit à une nuit blanche. Mon sommeil prend des allures de malaria : transpiration, crise d'angoisse, oppression. Cette nuit-là, je dormis comme un bébé. Une vraie nuit rose.

Tout s'enchaîna. Le mercredi fut le soir du débat. France 3 m'avait convié avec Thierry Saussez pour commenter le match. Je fus décommandé comme le paria que j'étais devenu. Cette brutale mise à l'index ne m'empêcha pas de trouver Ségolène vainqueur d'un Sarkozy : paralysé par l'enjeu, ombre de lui-même, acculé dans les cordes de peur de risquer la disqualification pour la phrase de trop.

Le lendemain, j'étais à nouveau dans le bureau de Vincent Bolloré. Nous commentions l'empoignade. Je vais l'appeler, me dit-il, je le connais : il s'inquiète.

C'est en fin de conversation que Nicolas dit à Vincent :

— Je dois partir trois ou quatre jours avec Cécilia. J'ai besoin de calme. Je devais aller en Corse chez Clavier mais elle ne veut pas, les paparazzi la terrifient. Connais-tu une retraite plus sûre ?

— La meilleure façon de t'isoler, c'est encore la mer, mon bateau, le *Paloma*, est à Malte : embarque.

Ainsi commença, de la façon la plus fortuite du monde, la saga Sarko, la moins programmée, la moins marketée qui soit. Elle allait parasiter son image et, dans le même temps, laisser libre cours à la presse, celle des poubelles comme celle de la pensée.

Dans un temps où la désinformation tient lieu d'information comme une autre, où le Net permet n'importe quelle ignominie en toute impunité, les journalistes, dépassés par le mouvement et désorientés par cette première présidence du naturel et de la transparence, vont transformer chaque apparition du nouveau chef de l'Etat en médiatisation de sa vie intime.

Comme elle fut triste, cette victoire. Une Première dame de France sans vote et sans voix. Une party Fouquet's programmée trop tôt, mettant exagérément en valeur les amis du Président, avant le sacre populaire de la Concorde. Le bling-bling a germé là, sur ce terreau m'as-tu-vu où germent les mauvaises herbes médiatiques. Pour mieux fausser la donne, Ségolène, en tout point Royale, annoncera rue de Solférino non sa défaite, mais sa prochaine victoire, dans une ferveur populaire intacte, signe des grandes pasionarias politiques. Evita Perón, pas morte !

Très vite, le nouveau président me convia à l'Elysée. Me retrouver, un quart de siècle plus tard, dans ce même lieu où j'avais tant de fois conversé avec François Mitterrand me fit un choc. Même solennité feutrée, mêmes sièges soyeux, mêmes lourdes tentures, mêmes dorures immuables. Sur la cheminée, la photo de Cécilia a remplacé celle de Danielle. L'immense mappemonde commandée par Mitterrand, où Latche a droit de cité au même titre que les grandes capitales, est remisée au grenier des souvenirs. Le bureau design a suivi le même sort, remplacé par celui du général de Gaulle. A chacun sa culture. Mais le salon Louis XVI a survécu. Je suis assis dans le même fauteuil, Nicolas se réservant le canapé, la place favorite de « Tonton ». Je lis dans ses yeux ce regard d'enfant comblé qu'il a parfois.

— Tu m'as toujours dit que je serais un jour président. Nous y voici. As-tu un conseil sur ma communication élyséenne ?

J'étais pris de court, je pensais à une simple visite amicale, pas à une première séance de travail. Qu'importe, j'entrai aussitôt dans le vif du sujet.

— François Mitterrand gouvernait en donnant du temps au temps. Jacques Chirac à contretemps. Tu es le président qui va plus vite que le temps. C'est ta nature, impose ton tempo à la presse, elle courra derrière toi plutôt que t'attendre en embuscade. Pour ce faire, organise une salle de presse proche de ton bureau, à la manière de la Maison-Blanche. Si tu as un message à donner en urgence, une rumeur à tuer dans l'œuf, ou une réponse imminente à faire, tu convoques les médias. Trente minutes plus tard, tu leur parles sans notes, tu leur délivres un message court, tu réponds à trois questions et tu les quittes au plus vite pour reprendre le cours des affaires de l'Etat.

— C'est une bonne idée, glissa Nicolas dans un sourire de tendresse, on va le faire.

Il y avait pensé, dès le premier jour, la salle était déjà prête. Le problème avec ce Lucky Luke de la politique, c'est qu'il pense plus vite que son ombre. Comment le conseiller !

— Etre le président de l'accélération du temps, enchaîné-je, n'est autre qu'être le reflet de notre temps d'instantanéité, du mail au SMS, du live au portable, il n'empêche qu'il te faudra rester le candidat permanent que tes compatriotes ont élu. A toi d'inventer la démocratie en direct, allant sur le terrain, chaque fois que possible, répondre à leur interrogation sur le lieu même de la question posée. Ne laisse pas le filtre de la presse déformer ta pensée. La réactivité, la proximité, l'interactivité sont tes meilleures armes. Abuses-en. Mais, en parallèle, il faudra sans cesse faire la pédagogie de tes réformes. Les Français vont être perdus et donc prendre peur. C'est avant tout le job de tes ministres. Ils doivent être le relais permanent de ton discours en l'approfondissant chacun dans sa discipline. Mais surtout communiquer la finalité de ce que tu entreprends est peut-être le point clé. Cela seul peut redonner aux Français leur confiance perdue. N'oublie jamais qu'ils t'ont élu pour changer mais qu'ils n'y sont pas prêts. C'est le paradoxe français. A toi de leur proposer d'écrire avec eux l'histoire de ce changement, de lui donner un titre qui définisse ton but. Quelle France leur proposes-tu à l'arrivée ? La méthode est aussi vieille que la politique. Roosevelt a lancé le New Deal, Kennedy la New Frontier, Tony Blair la New Britain. A toi d'inventer avec nous tous la Nouvelle France. Les mots les plus entendus sont toujours les plus forts, lorsqu'ils expriment la vérité du moment. N'écoute pas les intellos de service, sois simple et tu seras compris de tous.

En me raccompagnant, Nicolas me glissa :

— Ne manque pas de venir me voir. Je tiens à ces échanges, j'ai besoin d'une pensée venue d'ailleurs, j'ai trop peur de me laisser bunkériser par l'Elysée.

— Tes prédécesseurs n'y ont pas échappé, ce sera ton challenge, lui dis-je en l'embrassant.

Sarkozy est ainsi, il vole du temps au temps. Seul de sa caste, il a intégré cette accélération que les nouvelles technologies ont donnée à nos vies. Dès lors il n'agit pas, il réagit. Son tempo quotidien s'imposera à ses ministres qui peineront à suivre le rythme, aux journalistes à qui il dictera leur actualité puisqu'il la crée, aux Français subjugués par tant d'activisme et tant d'ubiquité. Avant de paniquer devant tant de bouleversements.

Je compris ce jour-là ce rapport viscéral de Nicolas au temps. Ce temps qui lui jouerait des tours, le prenant à revers tel un boomerang vengeur. On ne met pas sans cesse au pas de course un peuple rouillé par un quart de siècle d'immobilisme. Nicolas sera victime de son accélération. Lorsqu'il se retournera six mois après son élection triomphale, il aura semé son peuple essoufflé jusqu'à l'asphyxie dès les premiers cent mètres d'un marathon dont il avait mal estimé la durée.

Je compris aussi la raison première de mon retournement de veste. Tout vote est un acte citoyen mais doublé d'un acte d'amour. Comment ne pas aimer celui ou celle à qui l'on confie le sort de ses enfants ? J'ai toujours eu pour Nicolas une affection que notre opposition partisane n'a jamais entamée. Je n'étais pas du premier cercle de ses amis et cependant je me suis senti très vite très proche, bien avant que son sacre lui confère cette aura centripète de tout hôte de l'Elysée.

L'attaquer durant cette campagne m'avait pesé. Sans me l'avouer, je jouais un rôle, ce n'est pas mon rôle. Au Moyen Age, communiquer et communier étaient le même mot. Un communicant qui n'est pas en communion avec la cause qu'il défend ne peut finir que dans l'excommunication. Je n'éprouvai que gêne pour Ségolène et les idées si rares, si obsolètes qu'elle défendait. Je ne retrouvais plus « ma » gauche, celle que Mitterrand m'avait tant fait aimer. Ma fuite était inéluctable.

Nos rencontres se firent régulières. Généralement, le samedi vers midi. L'Elysée bourdonnait, le pouvoir ne connaît pas de week-end. Aucun des membres du staff ne manquait à l'appel. Nicolas, réglant tout dans l'instant, les veut à ses côtés, prêts à l'action. Nous sommes seuls dans son bureau, je le sens à la fois concentré et bouillonnant. Incapable de rester plus de quinze minutes dans la même position, il se lève, va à la fenêtre, tourne autour de la pièce. Sarko est un homme debout. Je lui commente ma note. Il réagit à la vitesse de la lumière. Pour lui, chaque minute dure une heure. Si une idée le séduit, il saute sur son téléphone et la met aussitôt à exécution. A la différence de François Mitterrand qui exigeait une rigueur de construction et une analyse de long terme conjointe à celle de l'actu, il grappille ce qui entre dans son action du moment, refusant tout plan d'ensemble comme s'il craignait de se laisser dévier de la ligne qu'il s'est tracée voici deux ans. Le temps est à l'action plus qu'à la réflexion, au point de négliger la communication, et surtout la partager avec ses ministres. Cet absolutisme ne pouvait séduire les Français, fils d'une royauté jamais oubliée, exigeant de leur président de régner en monarque tout en gouvernant en démocrate. Ce samedi-là, l'entretien s'achèvera par des nouvelles de Cécilia. D'elle, il me dira la plus jolie phrase qu'un président puisse dire sur les femmes : « Nous leur avons donné le pouvoir, il ne nous reste que l'amour. » Je sentis Nicolas en souffrance.

Derrière sa frénésie habituelle, se cachait une infinie tristesse.

— Qu'as-tu ? lui dis-je.

Il me parla de sa femme, de son courage lors de la libération des infirmières bulgares. Comment lui trouver un rôle qui lui convienne ?

— Il n'y a pas d'autre rôle que d'être près de toi, mais son mutisme médiatique la mue en Greta Garbo, on sait ce qu'il en advint. On ne se retire pas sans séquelles de la vie publique. Renoncer, c'est s'exclure, au risque de se dissoudre.

— Invite-moi à dîner avec elle, chez toi, trancha-t-il.

Le plus beau retournement de destin venait de commencer

Deux semaines plus tard, nous préparions avec Sophie nos invitations lorsque brutalement résonna le tocsin du divorce. Nous mîmes nos agapes en stand-by. Un mois plus tard, j'étais à nouveau avec le Président lors de nos entretiens du samedi. Je le retrouvai bondissant, peut-être libéré de ce poids sentimental qui le rongeait depuis des mois et des mois. « Cécilia est mon seul problème », m'avait-il confié, comme à beaucoup d'autres, en prenant ses fonctions. Et Cécilia n'était plus là.

Nous parlâmes de l'opinion un peu, des actions en cours beaucoup, de celles à venir plus encore. Et soudain il me lança :

— Et ce dîner ? J'ai besoin d'un bon bain de copains. Et que l'on rie et que l'on chante. Je suis libre mercredi. Sophie et toi, l'êtes-vous ?

Tout se fit donc à la hâte. Puisqu'il voulait un dîner en chansons, je sautai sur l'occasion pour lui inviter Julien Clerc et Carla Bruni, des artistes que j'aimais, à l'opposé de ses fréquentations musicales habituelles. Le reste du casting n'était pas facile. Nous voulions avec Sophie un repas intime. *Exit* journalistes, p-dg et politiques. Nous conviâmes deux couples d'amis, Guillaume et Perry Cochin, Luc Ferry et sa femme Marie-Caroline. Julien était sur scène ce soir-là. Carla vint donc seule. Lorsque j'annonçai la liste des invités à Nicolas, il eut, en arrivant à Carla, quelques secondes de silence. Il est des blancs téléphoniques plus parlants que les mots. Je le questionnai sur elle :

— Je ne la connais pas mais j'aime ses chansons, avoua-t-il.

Etait-ce déjà un signe ? J'appelai Carla.

— Amène ta guitare, dis-je, tu donneras l'aubade au président.

Je ne croyais pas si bien dire.

Carla, la conquise

Carla vient d'une autre planète, celle des êtres envoûtants. De longues formes brunes qui, lorsqu'elles vous approchent, vous ensorcellent et vous téléportent sur leur terre où l'oxygène est poésie et l'hydrogène, beauté. Frapper à la porte de sa vie n'est jamais anodin. Si elle vous la referme au nez, malgré cette politesse des grandes familles et cette élégance des grands artistes, vous en ressentirez comme une morsure. Mais si vous avez le bonheur d'être admis dans son monde, l'entrée vous en sera toujours ouverte. Farouche mais fidèle, Carla n'aime que le vrai, l'intense et, contrairement à sa réputation, le durable. Mais à la première déception elle vous chasse, pis : elle vous oublie. Il en est ainsi des amants comme des amis.

Est-ce la race qui l'habite, l'intelligence qui l'anime, le sens critique qui la guide ou ce talent qu'elle a de chaque chose, de chaque instant, de chaque mot dont elle use comme d'une arme pour vous faire pleurer ou rire d'une seule rime ? Qu'importe, croiser Carla est toujours croiser le fer. Nicolas est en acier trempé, Carla est de diamant, le mélange ne pouvait qu'être destructeur ou fusionnel. Deux personnages shakespeariens se rencontrant ne pouvaient qu'en rester là, ou écrire ensemble un poème.

Ce mercredi de novembre n'était pas le meilleur jour de l'agenda politique du président. Nous étions en pleine grève des transports, le pays paralysé ne réagissait pas encore mais une sourde angoisse grondait.

Carla arriva la première, sans sa guitare. Je la gendarmai.

— Tu m'avais promis, Carlita, laisse-moi envoyer quelqu'un la chercher.

Elle se fit prier puis céda. Je remarquai qu'elle avait troqué ses talons hauts pour une paire de ballerines. Etait-ce un deuxième signe ? Carla ne marche pas, elle glisse. De là à ce qu'elle se glisse dans votre vie, il n'y a qu'un pas. Elle n'occupe pas seulement l'espace mais le temps. Il s'arrête, suspendu, à cette voix qui est à elle seule un instrument de musique. Envoûtante et pourtant si fragile : la voix de son être. Quelques mots et vous voici prisonnier de ses griffes de velours. Le chassé-croisé commence, vous la croyez forte, elle vous répond : « Ne me secouez pas, je suis pleine de larmes. » Vous la pensiez triomphante, elle vous désarçonne : « Je suis timide, je suis anxieuse, je suis rongée de doutes. » Chacune de ses répliques est une bribe de chanson. Mais méfiez-vous de ces aveux, même s'ils sont vrais. La Diane chasseresse reprend toujours le dessus. Comme elle le fredonne dans un de ses tubes : « Quand la vie s'exhibe, c'est une transe exquise. » C'était le programme du jour.

Nicolas sonna le dernier, portable à la main. Préoccupé, mais chaleureux à son habitude.

— Désolé, je n'ai pas de cravate, s'excusa-t-il.

— Tu sais bien que ce n'est pas le genre de la maison, lui répondis-je.

Présentations au pas de course et verre d'eau de rigueur, Nicolas ne boit jamais d'alcool, non qu'il joue les pères la vertu ou les sportifs scrupuleux, il n'aime pas ça.

— C'est un grand jour, Nicolas. Tu es le premier président de droite reçu dans cette maison.

— Jacques, es-tu sûr que je ne suis pas de gauche ?

Tout Nicolas est dans cette réplique.

Perry Cochin chercha d'entrée à détendre l'atmosphère. Avec son charme moyen-oriental qui l'autorise à toutes les impertinences, elle lança :

— Monsieur le Président, ce n'est pas une heure pour arriver !

A peine assis, le téléphone réveilla la réserve générale.
— L'amour ? lui lança Carla.
— Non, le boulot, répondit Nicolas.
Il bondit et sortit de la pièce. L'aparté s'éternisa. De retour :
— C'était Bernard Thibault, s'excusa-t-il.

Mes jumelles, Ava et Mia, arrivèrent avec leur petit chiot, cadeau de Noël donné en avance, et le présentèrent en offrande à Nicolas qui aussitôt le prit sur ses genoux. La glace se brisa. Un président capable, d'entrée de jeu, de caresser, sans perdre sa dignité, un ridicule bichon maltais ne peut être tout à fait mauvais.

J'eus l'image fugace de la scène d'ouverture du *Parrain* où Marlon Brando, assis derrière son bureau, caressant son chat, hypnotise l'assistance. Nul n'osait troubler la prise.

La question inévitable finit par arriver : le conflit va-t-il s'éteindre dans la nuit ou durer ?

— Impossible à dire, répondit Nicolas. Mais une chose est sûre, il ne s'éternisera pas. J'ai réuni les syndicats en début de semaine pour leur donner ma position : je ne céderai pas sur l'équité du temps de retraite. C'est l'une de mes promesses électorales, je la tiendrai comme je tiendrai toutes les autres. Si vous ne me suivez pas, qu'importe, je démissionnerai. Vous en serez responsables devant les Français qui devront se trouver un autre président.

Je ne suis pas sûr que tous les invités présents l'aient cru sur parole. Pour ma part, je ne fus pas surpris. Il m'avait déjà tenu ce propos avant la lettre : « Je ne suis pas accro du pouvoir mais du changement. Je mettrai mon projet en œuvre point par point. Si les Français le réfutent à un moment donné, je n'aurai qu'à me retirer. C'est la règle du jeu. Mon rêve serait d'ailleurs de réussir à réformer ce pays en un seul quinquennat puis de quitter l'Elysée pour débuter une autre vie. Après, il sera trop tard. »

Le sujet refermé, non sans brutalité, je choisis un thème plus anecdotique pour réenchanter l'atmosphère.

— Raconte-nous l'Amérique, dis-je à Nicolas.

— C'est un des plus beaux moments de ma vie. Cette entrée sur le perron de la Maison-Blanche, entouré des trois femmes symboles d'une France que l'Amérique n'attendait pas : quelle fierté ! J'ai veillé à tous les détails. J'ai dit à Rama Yade qu'elle était trop belle pour mettre une de ces robes à froufrous dont elle a le secret, à Rachida de ne pas se départir de son élégance diorisée habituelle, et à Christine Lagarde de laisser ses bijoux au coffre. Une ministre de l'Economie et des Finances ne salue pas le Président américain en collier de perles.

Dieu est dans les détails, la devise conviendrait à Sarkozy si Mitterrand ne se l'était pas déjà octroyée.

Ronde des mots, la discussion dériva de l'Atlantique à la Méditerranée, vers le fort de Brégançon, sa résidence d'été.

— Pas un pas sans flash, se plaignit Nicolas, c'est la grande traque des téléobjectifs, mais il existe sur le toit une terrasse cachée entourée d'un petit muret, d'où nul ne peut me voir mais d'où je peux tout voir. J'aime à m'y retrouver.

— Mais alors vous m'espionnez, reprit au vol Carla. Nous sommes voisins. Ma maison de vacances familiale est en face de votre fortin, au cap Nègre.

— Vous me prenez pour Chirac.

— Non, je fais la différence.

— Alors ce sera pour le prochain été, répondit Nicolas dans un murmure.

Un ange passa. Etait-ce déjà Cupidon ?

Ainsi se dessina un jeu inattendu de séduction entre les deux fauves, chacun, tour à tour, marquant son territoire en titillant l'autre. Assaut d'humour, piques provocatrices, reparties de charme. Le courant passa. Il va électriser le dîner. Incroyable que ces deux êtres si médiatiques et donc fréquentant les mêmes lieux ne se soient jamais croisés. N'en déplaise aux gazouillis des gazettes, leur première rencontre se faisait à l'instant. Et pour nous en live. Nous vivions sans le savoir une rencontre qui fera toutes les unes ! Non qu'elle soit extraordinaire. Quoi de plus naturel qu'un célibataire rencontre une célibataire et que naisse l'amour. Mais il était président, elle était chanteuse, l'histoire d'amour se fera histoire de France.

Je proposai de passer à table.

— Ta journée a été dure, Nicolas, celle de demain le sera plus encore, dînons tôt pour te laisser rentrer tôt.

Sarko ne supporte pas que l'on puisse mettre en doute son invincible vitalité. Il réagit :

— Mais je ne suis en rien fatigué. La nuit commence à peine.

Prémonitoire !

Le plan de table allait de soi, Carla à la droite du Président, Sophie à sa gauche. J'étais face à lui, entouré de Perry Cochin et Marie-Caroline Ferry, les deux maris fermant la ronde. La joute s'enflamma de plus belle. L'entrée à peine desservie, Nicolas s'adressa à Sophie :

— Pardonne-moi un instant. J'ai deux mots à dire à ma voisine.

Comme attiré par un aimant, il orienta sa chaise vers Carla. Le geste fut si soudain et si naturel qu'il ne choqua personne. Pas même la maîtresse de maison à qui son invité tourna le dos la soirée entière.

Ils étaient seuls au monde. Nous, nous étions « Au théâtre ce soir », on jouait du Marivaux version XXIe siècle, un Marivaux où l'humour se fait amour, où l'humeur se fait bonheur et les dialogues, insoutenable légèreté de l'être. Nous en vînmes aux inconvénients de la célébrité. Nicolas, comme pour la provoquer, lança :

— Tu sais, Carla, je ne suis pas un cadeau... J'ai eu un dîner, d'ailleurs sans conséquence, avec une journaliste de télévision. Le seul présent que je lui fis, à mon corps défendant, c'est une meute de paparazzi affamés de scoop, tapie un mois durant devant sa porte.

Piquée au vif, la Bruni releva le gant. Nous en étions déjà au tutoiement : troisième signe ?

— En matière de peopolisation, tu es un amateur. Ma rencontre avec Mick (Jagger) a duré huit ans de clandestinité. Nous avons traversé toutes les capitales du monde et jamais un photographe ne nous a surpris.

— Donne-moi ta recette, demanda Nicolas.

— Très simple. Je le déguisais au gré de mes envies. Un jour la barbe, le lendemain la barbichette, le surlendemain la moustache et toutes les coiffures les plus folles.

— Et moi, dit Nicolas, comment me déguiserais-tu ? En béret basque, baguette sous le bras.

— Je trouverais mieux.

Carla venait de planter sa première banderille aux couleurs de la jalousie. La réponse fut sèche.

— Mais comment as-tu pu rester huit ans avec un homme qui a des mollets aussi ridicules ?

Rires.

Seul trouble-fête, le mobile, ce saccageur du temps présent, brisa le charme. C'était à nouveau Thibault. Carla en profita pour regarder ses textos. Sarko, de retour, l'invectiva :

— Qui est-ce ?

Et Carla lui lut.

— Comment se passe la soirée ? Intéressant ? R.

Ayant reconnu dans le R le prénom de Raphaël (son ex), Nicolas ne put s'empêcher de répondre :

— Un peu plat pour un philosophe, j'aurais trouvé mieux. Et j'aurais signé : PR.

Marie-Caroline Ferry a la beauté incendiaire des femmes qui ne parlent que pour mettre le feu aux poudres d'une conversation. Elle enchaîna :

— Je dois vous raconter comment j'ai connu Carla. Nous étions jeunes mariés et Luc insistait pour me la présenter. Je n'avais pas de mots assez durs contre elle, mannequin en rupture de ban, dévoreuse d'hommes, briseuse de ménages. Et puis j'ai fini par céder. En un dîner j'ai succombé.

Ce fut la seule participation de Marie-Caroline au spectacle. Quant au reste de l'assistance, il ne revint pratiquement plus sur la scène, accaparé par les deux premiers rôles. Jamais, à un dîner, je ne fus aussi peu bavard, Dieu sait que ce n'est pas ma nature, et la professionnelle de l'animation, Perry, fut la plus coite de toutes. Nous étions sous le charme, sentant que sous nos yeux se déroulait un moment d'exception. L'amour était dans l'air, palpable, envahissant l'espace, Nicolas, le premier, en oublia le temps.

Il était une heure du matin et la soirée semblait débuter. Carla eut comme un rappel à l'ordre :

— J'ai le sentiment d'être ta *blind date* ce soir, mais ne t'y fie pas, ta réputation te sert d'épouvantail.

— Ma réputation vaut la tienne. Et je la connais bien. Comme je te connais bien, sans t'avoir jamais vue. J'ai tout compris de toi. Dans tes chansons tu joues les dures parce que tu es tendre, tu fais l'amour parce qu'on ne te la fait pas. Tu joues les jolis cœurs parce que tu as l'âme belle. Je sais tout de toi parce que je suis tellement toi. A une exception près, qui me ravit : enfin une femme belle qui fume et qui boit.

Un silence que nul n'osa rompre et Nicolas acheva ce qui fut, sans qu'il le pense encore, sans qu'elle le sache encore, sa première déclaration.

— Le 1er juin tu vas chanter au Casino de Paris, tu vois, je connais même ton programme. Ce soir-là, je serai au premier rang et nous annoncerons nos fiançailles. Tu verras, nous ferons mieux que Marilyn et Kennedy.

La scène se jouait au second degré et cependant tout allait être vrai, comme si, acteurs d'eux-mêmes, il disait un texte écrit par le destin sans se rendre compte que c'est leur vie qu'ils s'offraient.

Prise au piège de son propre jeu de rôles, Carla enchaîna :

— Des fiançailles, jamais ! Je ne vivrai désormais avec un homme que s'il me fait un enfant.

— Question enfant, j'en ai déjà élevé cinq. Pourquoi pas six ? Je suis le Français le mieux équipé pour cela : j'ai un médecin de garde à mes côtés vingt-quatre heures sur vingt-quatre.

Et il nous raconta, en avant-première, ce qui mettra deux mois plus tard l'ensemble des médias en effervescence, sa visite impromptue au Val-de-Grâce.

— La médecine express je connais. J'ai eu voici deux jours une petite inflammation dans la gorge. Je demande à mon toubib un gargarisme. En réponse, je me retrouve quinze minutes plus tard sur un lit d'hôpital où l'on me gratte aussitôt un début de phlegmon. Deux heures après, j'étais de retour à l'Elysée.

La presse en fera des tonnes à son habitude, à contre-emploi, à contre-info. Pour un peu, elle aurait affublé le Président d'un mal incurable. Quand cessera-t-elle cette désinformation destructrice ?

Leur bavardage reprit mais il n'était plus batifolage. L'un et l'autre paraissaient emportés par une attraction les dépassant, comme guidés par un aimant géant. Aimant ! Comme la langue française fait bien les choses... Nicolas et Carla tissaient déjà des projets communs. Il paraît qu'à l'heure de notre mort, on voit se dérouler en accéléré le cours de notre vie passée. Un coup de foudre vous offre l'inverse : l'accéléré de votre vie à venir. Preuve que l'amour est une naissance.

— Carla, une chanson ! dis-je pour revenir sur terre.

Je me trompais de direction, nous allions nous envoler.

— Non, ce soir je n'ai pas la voix à chanter, dit la chanteuse que personne ne crut.

Devant notre insistance, elle proposa, pour se défausser, de nous lire un texte qu'elle venait d'achever le jour même, pour Julien Clerc.

Les mots de Carla sont des caresses du cœur, ils vous parlent à voix basse de ce que vous avez vécu à haute voix. Et le charme se fait arme. Nicolas était à un mètre de moi, je ne pouvais le quitter des yeux. Il avait ce regard d'enfant que j'aime plus que tout en lui, ce regard qui trahit cette infinie tendresse que cache l'exigence de dureté de sa fonction. Il ne l'écoutait pas, il se laissait envoûter vers après vers, note après note. L'irréversible se fit là, à cet instant de grâce. Je compris ce qui m'avait fait provoquer la rencontre de ces deux êtres. Ils étaient programmés l'un pour l'autre. Elle, par son éducation de reine que seules savent donner à leurs filles ces grandes familles italiennes. En prime, cette âme d'artiste que lui légua son père. Puis cette carrière au long cours de top international qui lui fera parler cinq langues, parcourir le monde pendant dix ans, en connaître les vices et les vertus, dompter son trac, séduire les grands, tenir son rang. Et lui, gravissant pendant ce temps, une à une, les marches de l'Elysée. Cette ascension qui vous donne l'ultime pouvoir, celui de la fascination. Aucun homme avant Nicolas n'avait osé demander Carla en mariage. Peur de l'affront, peur d'un refus, peur de ne pas être à la hauteur, peur de n'être que le mari de la star. Lui va l'épouser en un dîner.

— Carla, donne-moi ta chanson, dit-il en guise d'applaudissement.

— Pour quoi faire ?

— Comme modèle. Nous faisons le même métier : séduire avec les mots. Toi en chansons, moi en discours.

Et il déclama le texte comme il l'aurait fait en meeting, du haut de son pupitre.

Sophie revint à la charge et réclama son titre préféré : « Tout le monde est une drôle de personne ». Piquée au vif, la rebelle prit enfin sa guitare et chanta, les yeux dans les yeux de Nicolas. Lorsqu'elle en arrive à… « autorités », qu'elle dit avec la voix de Marilyn susurrant « Happy Birthday, Mister President », nous comprîmes que ce n'était plus du théâtre. Etrange cœur à cœur qui nous était offert sans impudeur, sans mystère, sans mièvrerie, sans cachotteries. Deux adultes retrouvant la fraîcheur de l'adolescence, incapables de lutter contre cette attirance qui les envahissait.

Soudain, le Président se tourna vers la chanteuse et lui chuchota quelques mots à l'oreille. Nous ne pûmes rester sur notre faim.

— Dis-nous, Carla, dis-nous.

Elle refusa presque rougissante avec cette chance d'avoir l'âge de sa beauté, à cet instant dix-huit ans. Nous nous tournâmes en chœur vers Nicolas :

— Dis-nous, Nicolas, dis-nous.

— Non, répondit-il, sauf si elle m'y autorise.

Elle ne lèvera pas son veto.

Il y eut un long silence, le calme après la tempête des sentiments. Nous étions sous le choc, nous étions sous le charme.

— Où vas-tu en vacances, reprit Nicolas. Je vais en Egypte, allons-y ensemble.

— Impossible, dit Carla, je pars au Brésil avec ma mère et mon fils.

Nicolas refit une tentative mais, se voyant à découvert, n'insista pas. Il était près de deux heures. La scène en avait duré plus de quatre. Quatre heures de rêve éveillé qui n'étaient déjà plus un rêve.

Le convoi présidentiel partit emportant la chanteuse et sa guitare. A peine déposée, elle me téléphona. Carla ne parle pas au téléphone, elle raconte. J'eus droit à une multitude de questions et plus encore d'emballements. Avant de raccrocher, elle se trahit.

— Quel charme, quelle intelligence, quelle attention, quelle force, quelle séduction, ton copain. Mais je le trouve un peu goujat. Je lui ai laissé mon numéro et il ne m'a pas encore appelée.

Ils venaient de se quitter depuis dix minutes.

Lorsque, le lendemain matin, Sarkozy m'appellera pour me remercier, je lui demandai en retour de m'avouer son chuchotement.

— Je lui ai dit : Carla, es-tu cap à cet instant, devant tout le monde, de m'embrasser sur la bouche ?

Jamais le premier soir, mais il y aura une vie d'autres soirs.

X

L'amour devant soi

(La rencontre de ma vie)

Je n'ai rien du philosophe en chambre et moins encore lorsqu'il s'agit de mon introspection. Est-ce par lâcheté, inconscience ou peur de la réponse ? J'ai toujours esquivé la question du sens de l'existence. J'ai couru ma vie comme un 100 mètres haies, pas comme un marathon, sans avoir jamais le temps de tourner la tête pour m'interroger sur ce que je laissais dans mon sillage. Jeune, j'ai pensé que la vie était l'aventure, que ce soit sur les pistes du monde, les routes de l'information, ou les sentes de la pub. A mi-vie, j'ai cru que l'agitation de la réussite était le mouvement perpétuel du bonheur. Erreur d'aiguillage ! Ce n'est qu'aux trois quarts de mon existence que je comprends que cette longue maturation ne préparait qu'à la découverte de l'essentiel. Une vie réussie se résume à un amour réussi. Sans le savoir, fausse route et faux-semblants, faux pensant et faux disant m'ont conduit à la vérité : la plus belle façon de marcher, c'est d'aimer.

L'agence avait installé son QG rue Bonaparte, un signe. Je rêvais mes campagnes en autant d'Arcole, de Rivoli, d'Austerlitz. Le premier étage était la réserve d'Indiens de la création. Une quarantaine de créatifs campaient, quand ils ne dansaient pas en rond dans un *open space*... très space. On y respirait le joint et la joie. L'agence était une ruche en rut. Les idées fusaient dans un incessant brouhaha communicatif, scandé par les « bœufs » à la sauce Beaux-Arts que ne cessaient d'improviser les rédacteurs et les directeurs artistiques. Je m'étais isolé au milieu de l'ubuesque tintamarre dans une bulle de verre. Tour de garde et tour d'ivoire, c'est de ce donjon high-tech que la vis.

Elle était belle de cette double beauté du corps et de l'âme qui se devine à chaque geste, avant même les mots. Elle traversait cette cour des miracles pubarde avec le port d'une reine. Elle ne marchait pas, elle dansait. Ces jambes n'en finissaient pas de finir et ce corps de naïade s'achevait en un visage de star mi-Rita, mi-Ava, mi-Lara. C'est toute ma jeunesse de cinéphile en cavale qui me sautait au cœur. Je sus à l'instant que c'était la femme de ma vie.

Je quittai, à la seconde, la réunion que je tenais et me dirigeai vers elle pour le lui dire. Elle me remit aussitôt à ma place d'un regard à la « pour qui me prenez-vous ? » et d'un éclat de rire à la « vous vous êtes bien regardé ? ».

Tout aurait dû en rester là, Sophie était très amoureuse d'un joueur de tennis qui tenait les hauteurs du tableau et des conquêtes. Et moi je ramassais les balles. Je ne m'en découragеai pas pour autant. En un seul regard, elle s'était emparée du reste de mes jours, du reste de mes nuits.

Le premier dîner aux chandelles eut lieu au Bilboquet, un restaurant déjà un rien off de la rue Saint-Benoît. Décidément, je m'enferrais dans le has been. Qu'importe, Sophie habitait à deux pas, rue de Rennes. Il faut laisser à son adversaire l'avantage du terrain, il se croit plus en sûreté, il sera donc plus vulnérable. C'est curieux, je me souviens de chaque mot de mon déjeuner mitterrandien au Pactole qui établit mon honneur de publicitaire. J'ai tout oublié de celui qui décida de mon bonheur de mari. La première heure, connaissant les règles élémentaires de la drague (fût-elle pour la bonne cause), je ne soufflai mot, je plongeai en apnée dans le grand bleu de ses yeux, négligeant les paliers, au risque de l'asphyxie, trop occupé à explorer les profondeurs de son être. Je découvris un paradis que je croyais perdu. Tout y était sain, tout y était beau. Tout y était simple. De mon côté, j'avais tout faux. Vingt-quatre ans d'écart et un CV affectif rédhibitoire. Ma réputation de cœur d'artichaut avait le goût amer du vinaigre de la salade du même nom. Mon passé matrimonial, affiché sur la place, me condamnait à la réclusion de célibataire à perpétuité. Mon âge sentimental ne dépassait pas les quatorze ans. Je traversais la vie le cœur débranché. J'aimais les femmes, je n'aimais pas LA femme. Il me restait tout à apprendre. Je m'y employai sur-le-champ, enchaînant nos soirées. Je racontai ma vie, en fait ma mi-vie, celle que vous venez de lire, pratiquement au mot près. Je sentis que je faisais le break. La partie n'était pas perdue, je me jetai à l'eau :

— Sophie, tu es la femme de ma vie, pas d'une nuit. Je te veux toute ou rien. Je suis invité à Londres samedi pour la finale de Wimbledon. Réfléchis jusque-là et décide. Si tu viens, on ne se quitte plus, si tu ne viens pas, on ne se parle plus.

Je ne commis pas la faute du débutant, ou du vieux beau, d'envoyer fleurs, chauffeur ou télégramme. Par bonheur le SMS, ce tue-l'amour à coups d'onomatopées numériques, n'existait pas. J'attendis sous la pendule centrale d'Orly. Elle vint. Le film se déroula en accéléré, nous revînmes de Londres le dimanche soir. Je la raccompagnai chez sa mère, elle vivait naturellement chez sa mère. Au pied de l'immeuble, je récidivai :

— Je sais que tu sais que c'est pour la vie. Ne perdons plus une minute, fais tes bagages et viens t'installer chez moi.

Notre amour débuta ce soir de juin 1977. Plus de trente ans et cinq enfants plus tard, il reste le même, bien que, dans mon inconscience et ma stupidité, j'aie failli perdre le plus beau cadeau que l'existence m'ait jamais fait.

Les quolibets, les mises en garde, les appels à la raison partirent à l'assaut de notre union contre nature. A ses détracteurs, Sophie répétait, sans se lasser, les mots de José Artur : « Pour mon second mariage, j'ai épousé, vingt ans après, la petite fille qui tenait la traîne de ma première femme. Elle a simplement exigé pour nos noces qu'il n'y ait pas de demoiselle d'honneur. »

Sophie est du bois dont on fait les femmes, les vraies. Celles qui savent être présentes lorsque l'on est absent, et rendre leur absence insupportablement présentes. Hélas, le bonheur est un anesthésique. Il est si doux, si chaud, si émollient qu'il ne vous met pas à l'abri d'un coup de sang. Le coup de sang est l'envers du coup de foudre. L'amour construit, il détruit. L'amour apaise, il agite. L'amour donne, il prend. L'amour est la vertu, il est le vice. Nous y sommes tous sensibles, les exaltés dans mon genre plus encore. Telle une drogue, il vous séduit avec ces airs de paradis interdit. Pour mieux vous conduire en enfer.

C'était un vendredi soir ordinaire. Sophie était enceinte, nous vivions dans la maison de Mallet-Stevens, cet architecte des années trente qui fit de l'architecture un art nouveau. C'était un cube étroit et haut, tout en étages, à deux pièces par niveau. Nous vivions dans les escaliers. Nous regardions un film dans le grenier transformé en pseudo-home-video, la mode et la technologie n'ayant pas encore sévi. Nous nous tenions la main, je n'ai jamais vu un film avec ma femme sans lui tenir la main et pleurer lorsque les héros, après mille embûches, enfin s'embrassent. Je fus soudain pris d'une crise d'angoisse, inattendue dans mon existence si préservée des assauts du doute, ou de l'ennui. Ce fut comme une douleur. Je me levai sous couvert d'aller chercher ma Ventoline (j'étais asthmatique, un mal venu chez moi aussi subitement qu'il s'en est allé, dissous par les corticoïdes). J'étais dans un état second : un somnambule éveillé. Il me fallait quitter cette béatitude, j'étouffais de trop de bonheur.

Un groupe de publicitaires était en goguette à Marrakech, j'eus l'irrépressible nostalgie de ces escapades frimeuses, où, en sales gosses de riches de ce nouveau métier qui nous surpayait, nous allions jouer les milliardaires d'un week-end aux frais d'un groupe de presse qui achetait nos futurs achats média à coups de business class, de champagne et d'exotisme factice. Dans ma bulle de futur père comblé, j'avais décliné l'invitation. Qui me dira pourquoi je décidai d'aller les retrouver ? Je m'enfuis comme un lâche, sans un mot, sans un geste. J'arrivai à Orly comme un automate, le dernier avion en partance était pour Casablanca, j'embarquai. Je n'avais ni conscience, ni bagages. J'avançai comme si je jouais un rôle, sachant que ce n'était pas moi, mais happé par le jeu. J'atterris au Maroc vers une heure du matin. Je louai une voiture et pris aussitôt la route de Marrakech. Quatre cents kilomètres de conduite en état second qui me conduisirent à l'aube aux portes de la ville rouge.

Et soudain, je pris conscience. A quarante-quatre ans, je me conduisais comme un ado camé. J'avais perdu toute notion de morale familiale, de respect conjugal, j'étais un délinquant affectif, cette fois digne de Sainte-Anne.

Comment avais-je pu abandonner Sophie ainsi ? Et briser en une nuit l'amour d'une vie à venir ?

Je pris peur, tournai ma voiture et refis hagard les quatre cents kilomètres en sens inverse. A l'aéroport, je tentai de téléphoner, en vain. Mes appels sonnaient dans le vide de mon inconscience. J'attendis un avion qui me ramena au domicile légal en fin de soirée. Je venais de vivre vingt-quatre heures de delirium conjugal. La maison était vide, Sophie était partie en enlevant tous les draps. Tout un symbole.

Elle se réfugia chez sa mère, je mis trois semaines de fleurs et de pleurs avant d'avoir le droit d'aller la rechercher. Elle fut, comme toujours, la plus forte : elle pardonna.

Le ciel me tomba sur la tête. Quel démon existait-il en moi qui pouvait d'un coup de tête me la faire perdre à ce point ? J'en frémis encore. Si je n'avais pas épousé la sagesse, j'aurais brisé là trente ans de bonheur. Le choc fut tel qu'il me guérit de ce démon de jeunesse qui m'avait poussé à toutes mes crises d'adolescence. Je sortis, ce jour maudit, définitivement de l'enfance et n'y retombai jamais plus. Deux mois plus tard, nous nous mariâmes.

Les prénoms sont souvent des prémonitions. Jacques, j'ai toujours fait le Jacques. Sophie n'est que sagesse. Le jour de notre mariage, elle avait vingt ans et deux fois plus de maturité que moi qui en comptais plus du double. Ainsi a-t-elle su m'assagir sans m'assujettir, me calmer sans me blâmer, me diriger sans m'enchaîner. Bref, ma femme a fait de moi un homme. Sa droiture en tout, dans ses convictions comme dans ses actes, corrigea peu à peu les zigzags de mon inconstance. Sa beauté, hors de l'atteinte du temps, me mit à l'abri des tentations. Sa pureté me purifia. Son obligeance m'obligea.

De tous les cadeaux que le sort m'a fait, il est bien celui que j'ai le moins mérité. Il n'est de jour où je m'interroge : Pourquoi m'a-t-elle choisi ?

Souvent, au réveil, les premiers mots de Sophie, se tournant vers moi, sont :

— Tu es beau.

Face à ma glace, retrouvant ma gueule décatie, je souris. Elle m'aime donc toujours puisque l'amour est aveugle. Et la journée commence telle la veille et tel le lendemain, ivre de vie comme on l'est d'orgueil.

Me voici à la porte de mes dernières rencontres. L'existence, qui m'en a tant donné, m'en réserve-t-elle encore ? J'ai une telle faim de nouvelles aventures. Je l'ai écrit dès les premières lignes de ce livre, je persiste et signe en dernière page. La vieillesse commence lorsque les regrets l'emportent sur les rêves. Je n'ai pas de mal à n'avoir que des rêves, quel regret pourrais-je avoir de mes premières soixante-quinze années d'existence ? Je n'ai pas, non plus, de certitude sinon que le hasard des rencontres fait bien les choses, à la condition de lui laisser sa chance. Ce n'est jamais lui qu'il nous faut craindre, mais nous. Nos ennemis sont intimes et ils sont partout : cet atavisme qui nous corsète, ce qu'en-dira-t-on qui nous manipule, cette peur du lendemain qui nous fait nous enliser dans le passé, ce risque de tout perdre alors que la seule vraie perte est la perte de son amour, cette canne blanche de nos aveuglements. Lui seul nous fait la vie belle.

Dès lors, à chacun sa voie pour la parcourir. Certains ont la force de caractère de la ligne droite, j'ai celle du zigzag de l'intuition ! C'est elle qui m'a fait ce que je suis. Où serais-je sans mes revirements qui m'ont mis sur le droit chemin ? Que ferais-je aujourd'hui si j'avais écouté la raison ? Qui serais-je si je n'avais pas eu la main tendue pour ces rencontres ?

Reste à m'avouer qu'elle fut la plus forte, celle au-dessus des autres, celle qui m'a donné le bonheur. Car le bonheur existe, je l'ai rencontré. Il s'appelle Sophie.

Table

Composition et mise en page

NORD COMPO
multimédia

CET OUVRAGE
A ÉTÉ ACHEVÉ D'IMPRIMER
SUR ROTO-PAGE
PAR L'IMPRIMERIE FLOCH
À MAYENNE EN JANVIER 2009

Dépôt légal : février 2009 – N° d'édition : 14415
N° d'impression : 72980
Imprimé en France